Andre Mairock

Die Freien vom Freital

Andre Mairock

Die Freien vom Freital

Roman

rosenheimer

Besuchen Sie uns im Internet:
www.rosenheimer.com

Titelfoto: Michael Wolf, München
Satz: Pro libris Verlagsdienstleistungen,
Villingen-Schwenningen
Druck und Bindung: GGP Media GmbH, Pößneck
Printed in Germany

ISBN 3-475-53484-3

1

Über den Klimmsteig, einen tief in den Felsring der Gottesackerberge gesprengter Engpass, der wie eine Terrasse zur rechten Hand eines winzig kleinen Gebirgsbachs durch die Schlucht führt, schritten an einem klaren Sommerabend zwei Männer.

Beide waren Söhne des Schwarztanns im so genannten Freital, das vor Jahrhunderten ihre Vorfahren als frei eingewanderte Bauern gerodet und urbar gemacht hatten.

Der Ältere, ein guter Fünfziger mit einer derben, kräftigen Bauerngestalt, trug die Tracht seines Heimattales: eine unter den Knien zusammengebundene Lederhose, weiße Strümpfe und schwere, niedrige Schuhe, die bei jedem Schritt den felsigen Boden erdröhnen ließen. Den Rock hatte er der Wärme wegen ausgezogen und über die linke Schulter gehängt, den breiten schwarzen Hut weit in den Nacken zurückgeschoben. Was aber besonders auffällig an ihm war, das war die dunkle, mit schweren Silberknöpfen versehene Samtweste, die er mit Stolz und Würde trug.

Es war Konrad Immler, der Wirt »Zur Rabenfluh«, ein Freier des Freitals und mitbestimmend in der Gesetzgebung des Schwarztanns.

Sein Begleiter, der um gut zwanzig Jahre jünger sein mochte, trug einen hellen Anzug nach städtischem Muster. Auf seinem Rücken hing ein fest geschnürtes Ränzel, als ob er eben jetzt aus der Fremde heimkehrte. Sein Gesicht, obwohl ebenfalls von der Sonne tief gebräunt, war klarer, feinliniger, seine Gestalt nicht so breit und derb, aber größer und nicht weniger kräftig. Das war Heinrich Schrund, der Sohn des Scheibenhofers, eines freien Bauern des Freitals.

Die Nachricht vom Tod des Vaters hatte ihn aus der Fremde heimgetrieben, obwohl er viel zu spät kam, um am Begräbnis teilnehmen zu können, denn seither waren schon etliche Wochen vergangen. Es war für den jungen Mann also keine freudige Heimkehr. Sein scharf geschnittenes Gesicht trug einen wehmütig sinnenden Zug. Ab und zu nahm er den Hut ab und fuhr mit seinen hageren Fingern durch das lange, straff zurückgekämmte Haar.

Nur zufällig hatten sich die beiden Heimatgenossen auf der Landstraße getroffen – Konrad Immler war in einem benachbarten Dorf gewesen und befand sich auf dem Heimweg – und beinahe wären sie auch wie zwei fremde Menschen auf der Straße hintereinander hergegangen, wenn Heinrich sich nicht doch einmal umgeschaut und seinen Nachbarn erkannt hätte.

Sogleich begann der redliche Wirt von den letzten Tagen des alten Scheibenhofers zu erzählen, wie er ihn von der »Rabenfluh« aus oft hatte auf dem Talweg stehen und nach dem Klimmsteig Ausschau halten sehen, ob der Sohn denn gar nicht kommen wollte, bis er eines Tages still und für alle unerwartet aus dem Leben geschieden sei. Ob er denn nichts von der Krankheit und Sehnsucht seines Vaters gewusst hätte, dass er so lange auf sich habe warten lassen?

Heinrich gab darauf keine Antwort. Wohl hatte er gewusst, dass der Vater krank geworden war, aber da er ihn nicht gerufen hatte, wollte er auch das Band nicht lösen, das ihn in der Fremde festgehalten hatte. Als ihn dann plötzlich die Nachricht vom Tod des Vaters überraschte, hatte er sofort sein Ränzel geschnürt und sich auf den Weg in die Heimat gemacht.

Der Scheibenhof sei in guten Händen, plauderte der Wirt nach einer kurzen Pause fort. Gertrud und Hilde, die Stiefschwestern Heinrichs, hätten die Arbeit gelernt und verstünden es durch kluges Wirtschaften, den Ertrag sogar zu steigern. Und doch sei es gut, dass er selbst wieder da sei, denn schließlich sei er ja schließlich ein Mann und könne als solcher dem Hof doch mehr Schutz bieten, gerade jetzt, er wisse es ja selbst, die Zeiten seien unsicher, seit die marodierenden Banden bis ins Gebirg eingedrungen seien ...

So erzählte der Wirt, während sie nebeneinander über den Klimmsteig stiegen. Heinrich hörte stumm zu, beteiligte sich selbst nicht am Gespräch. Er fühlte, wie eng und schwer es ihm ums Herz wurde, je näher sie ihrem Ziel kamen. Ihm war, als versinke hinter ihm bei jedem Schritt ein Stück seiner neu erworbenen Welt, seine Gedanken wanderten immer öfter zum Hof und seinen Insassen und weckten alte Erinnerungen: Er sah das Freital wieder so vor sich, wie er es als Kind gekannt hatte, wenn die jungen

Männer und die Burschen sich in jedem Frühjahr zusammenscharten und das Tal verließen, um sich über die Sommermonate in der Fremde etwas zu verdienen, da die kleine heimatliche Erde die wachsende Bevölkerung nicht mehr genügend ernähren konnte. Wie die Zugvögel wanderten sie in jedem Frühjahr als Maurer, Zimmerer, Maler und Tischler aus, stellten sich in fremde Dienste, und waren dann im Herbst wieder zurückgekommen, um sich mit ihren Angehörigen durch ihre Ersparnisse über den langen Winter zu bringen. Und an einem Frühlingstag war auch Heinrich Schrund, der Sohn des Scheibenhofers, aus der Heimat fortgezogen, nachdem er das Steinmetzhandwerk erlernt hatte. Aber er war nicht wie die anderen im Herbst zurückgekommen. Niemand wusste, was ihn in der Welt draußen festhielt, nicht einmal sein eigener Vater. Nur so viel hatte man im Schwarztann erfahren, dass er sich in Chur aufhielt und es dort nach wenigen Jahren schon zu Ansehen und Vermögen gebracht hatte, denn die Geldsummen, die er zuweilen seinen Angehörigen schickte, überstiegen oft den Jahresverdienst eines Kleingütlers. Später erzählte man sich, dass Heinrich Schrund ein Künstler geworden sei, ein Bildhauer. Und als solcher kehrte er heute heim. »Wie lange bist jetzt fort gewesen?«, fragte der Wirt, um seinen schweigsamen Begleiter endlich zum Reden zu bringen.

»Im letzten Frühjahr waren es fünf Jahre.«

»Und die ganze Zeit über bist in Chur gewesen?«, fragte Konrad Immler weiter.

»Die ganze Zeit.«

Viel wollte Konrad Immler jetzt von der großen Welt draußen wissen, die er wie viele ältere Bewohner des Schwarztanns nur von Erzählungen her kannte. Als sie aber an der Brücke ankamen, die in schwindelnder Höhe über die Schlucht führte – denn ab hier zog sich der Pass an der linken Felswand entlang –, blieb der Wirt plötzlich stehen und packte seinen Begleiter am Arm. »Weißt du, wie gut uns noch die Tatsache nützen wird, dass der Schwarztann bloß diesen einzigen Zugang hat?«

»Du meinst …?«

»Ja, ich meine die Marodeure! Wenn sie bei uns einbrechen wollen, dann können sie bloß über den Klimmsteig kommen, und den wollen wir dann mit Kugeln verriegeln! Du wirst deinen Stutzen wieder in die Hand nehmen müssen, falls du das Schießen verlernt hast! Der Schwarztann wird gute Schützen brauchen!«

Heinrich schüttelte zweifelnd den Kopf. »So verlockend ist der Schwarztann nicht, dass ein Räuberheer die gute Straße verlässt, um durch den Klimmsteig zu ziehen!«

»Hoppla! Man plündert da, wo es etwas zum Räubern gibt!«, entgegnete der Wirt unwillig, denn die Ruhe, mit der sein Begleiter diese Erwägungen hinnahm, von denen doch Leben und Dasein des ganzen Tales abhängen konnte, ärgerte ihn.

Sie gingen schweigend weiter. Langsam begann die Schlucht sich aufzutun. Der Pfad führte ein Stück weit steil empor, und dann standen sie auf der Höhe. Vor ihnen breitete sich ein tiefes, lang gezogenes Tal aus, um das sich die himmelragenden Berge in Form eines mächtigen Hufeisens auftürmten. Und die Bergwälder schlangen sich wie ein großer, schwarzer Kranz um den grünen Kessel, in dem die niedrigen Häuser mit den flachen Dächern lagen, als ob man sie von der Höhe aus planlos hineingeworfen hätte. Sie zogen sich über das ganze Tal hinauf bis an die Bergrücken heran, soweit diese noch grün waren. Nur tief drinnen, um die Kirche herum, standen die Häuser enger beieinander und bildeten ein kleines Dorf.

Das war der Schwarztann im so genannten Freital, in dem ein rühriges Völkchen von aller Welt abgeriegelt ein zufriedenes Leben führte.

Zu dieser Stunde war die Sonne schon lange hinter die Berge geschlüpft, über dem Tal lag ein düsterer Abendschatten. Den Heimkehrer schüttelte ein leiser Schauer, als er nach so langer Zeit das erste Mal wieder auf seine Heimat niederschaute. Unwillkürlich hemmte er seinen Schritt, schöpfte laut und schwer Atem, als wäre das plötzlich eine ganz andere Luft, die ihnen jetzt entgegenschlug.

Konrad Immler sah ihn verstohlen von der Seite an. Ja, meinte er, fünf Jahre seien freilich eine lange Zeit, und er würde wohl so manchen auf dem Gottesacker suchen müssen, der damals noch gesund und munter gewesen sei. Schultheiß sei immer noch Johannes Aigner vom Tal, der heute noch gleich rüstig und kraftvoll sein Amt versehe wie damals, nur sein Haar sei grau geworden. Auch der alte Pfarrer sei noch bei guter Gesundheit. Aber einen neuen Schulmeister hätten sie vor zwei Jahren bekommen, einen jungen Mann, der überall fest mit anpacke, wo es gerade fehle. Daher sei er bei Jung und Alt sehr beliebt. Er selbst freue sich jedes Mal, wenn er, was in letzter Zeit fast täglich geschehe, zu einem abendlichen Trunk in der »Rabenfluh« einkehre.

So redete der biedere Mann vor sich hin, als spräche er mit sich selbst.

Heinrich hörte schweigend zu. Er betrachtete das stille Tal, und sein Blick blieb dann auf einem stattlichen Holzhaus haften, das auf der rechten Anhöhe hinter Obstbäumen hervorlugte. Das war der Scheibenhof, sein Vaterhaus. Auf der schmalen Zufahrtstraße, die steil zu dem Anwesen hinaufführte, stand ein Erntewagen. Kein Mensch war sichtbar, nichts rührte sich, die Tagesarbeit war für heute wohl schon getan.

Auf der gegenüberliegenden Höhe konnten die beiden Wanderer das Wirtshaus »Zur Rabenfluh« sehen, zu dem man vom Scheibenhof aus auf einem schmalen, sich durch die tiefe Talmulde dahinschlängelnden Weg gelangte. Im Unterschied zu den übrigen Häusern des Schwarztanns zeigte das Wirtshaus ein bis zur Dachhöhe reichendes, hellgrün getünchtes Mauerwerk. Hier befand sich auch die Amtsstube der Grenzjäger, seit die Schmuggler ihre heimlichen Wege auch über den Schwarztann genommen hatten. Hinter der Wirtschaft breitete sich eine große Weidefläche aus, auf der zahlreiche Alpen standen, die Siedlung der so genannten »Halbjährigen«, die nur über den Sommer bewohnt war. Im Herbst zogen die Besitzer mit Vieh und Wagen wieder zu Tal.

Von den Alpen herüber kam das friedliche Geläute weidender Viehherden, Peitschenschnalzen und Rufe der Hirten, ein kurzer Jodler oder ein frohes Auflachen. Aber drinnen im Tal, um die düstere Kirche mit dem hohen Turm, lag das tiefe Schweigen des Schwarztanns.

»Jetzt gehst gleich mit mir, Heinrich!«, lud der Wirt den Steinmetz ein, ergriff ihn bei der Hand und zog ihn mit zum Wirtshaus hinauf. »Daheim wissen sie eh nicht, dass du heut kommst – und dein Vater lebt ja nimmer.«

Heinrich folgte ihm widerstandslos, es fiel ihm in der Tat schwer, das Vaterhaus zu betreten. Es war keine Liebe zwischen ihm und seinen Stiefschwestern, die heute auf dem Scheibenhof lebten und herrschten, früher schon nicht. Und seit der Vater tot war, musste er sich vorkommen wie ein Fremder, wie ein ungebetener Gast. Der weite Weg hatte ihn hungrig und müde gemacht. Wer weiß, wie Gertrud und Hilde ihn empfangen und bewirtet hätten!

Als sie sich dem Wirtshaus näherten, zeigte sich unter einem Fenster ein Kopf mit blonden, langen Haaren.

Ein Mädchen musterte mit seinen blauen Augen verwundert den Fremdling, der an der Seite des Wirts einherschritt. Dann aber flog die Tür weit auf, und es sprang über die breite Trittschwelle den Ankömmlingen entgegen. »Er ist's wirklich! Heinrich!« Das hübsche Gesicht rötete sich vor Freude und Überraschung.

»Grüß dich Gott, Barbara!« Der junge Mann streckte ihr herzlich die Hand entgegen.

Das Lachen im Gesicht des Mädchens ging jetzt in ehrliches Staunen über, und schüchtern löste sie ihre Hand aus der seinen: Sie wagte nicht mehr, ihm mit der alten Zutraulichkeit zu begegnen, denn sein ungewohnt selbstbewusstes Auftreten und die Art, wie er jetzt sprach, machten sie sofort stutzig. Sie merkte: Das war nicht mehr der Scheibenhof-Heinrich von früher, dem sie einmal nachbarliche Gefährtin und Gespielin war. So blieben ihr die weiteren Worte im Halse stecken, und ihr Blick suchte fragend in seinem sonnengebräunten Gesicht nach vertrauten Merkmalen. Aber sie musste feststellen, dass dies ein ganz anderes Gesicht war, als sie es in ihrer Erinnerung hatte. Es war viel feiner, weicher, vornehmer, und nur in der Tiefe seines Blickes glaubte sie noch das alte ernste Sinnen wahrzunehmen, das ihm früher schon zu Eigen war.

»Er hat einen weiten Weg hinter sich«, sagte Konrad Immler zu seiner Tochter. »Nimm ihn derweil mit in die Küche und sorg für seinen leeren Magen!«

Während der Wirt in die Stube ging, wo sich um diese Zeit gewöhnlich ein paar durstige Seelen einzustellen pflegten, nahm die Barbara den Heimgekehrten mit in die Küche, nötigte ihn an den Tisch und bereitete ihm zunächst einen erfrischenden Trunk. Dann schürte sie das Feuer nach und warf ein Stück Butter in die Pfanne. Jetzt erst begann sie zu erzählen, wie man sich im Schwarztann gefreut hätte, als man erfahren habe, dass es ihm in der Fremde so gut erginge. Sie selbst hätte ja nie daran gezweifelt, dass etwas ganz Tüchtiges aus ihm werde. Es sei nur schade, dass sein Vater die Heimkehr nicht mehr habe erleben können.

Wie oft hätte sie den alten Scheibenhofer beobachten können, wenn er auf dem Weg Ausschau gehalten hatte. Er müsse schon recht großes Heimweh und Sehnsucht nach seinem Sohn gehabt haben.

Sie brach ab, denn er hatte einige Male schwer aufgeatmet. Als sie sich nach ihm umsah, merkte sie, dass er Tränen in den Augen hatte. Da empfand sie großes Mitleid mit ihm und ließ sich an seiner Seite nieder. Innerlich war er also doch noch der gleiche geblieben. Wer weiß, ob ihn nicht eine genauso große Sehnsucht nach dem Schwarztann gequält hatte? »Du bist ja jetzt wieder daheim, Heinrich«, wollte sie ihn trösten. »Und auch deine Schwestern können dich brauchen ... Du bleibst jetzt wohl im Schwarztann?«

»Nein, ich muss zurück nach Chur!«

»Du musst?« Sie sah ihn fassungslos an, und wieder entdeckte sie in seinem Gesicht das Fremde, das ihr schon vorhin den Mut zu näherer Vertrautheit genommen hatte. »Aber du kannst doch nicht fort, Heinrich! Du weißt doch, die Banden ...«

»Auch die können mich nicht aufhalten, Barbara!«

»Was soll dann aus dem Scheibenhof werden?«

»Mit dem werden meine Schwestern fertig, vielleicht besser als ich!«

Aus ihren Augen schaute eine verzweifelte Angst. »Heinrich!«, rief sie bettelnd.

Da blickte er überrascht zu ihr auf. »Was ist, Barbara? – Du wirst doch nicht auf mich gewartet haben?«, fragte er stockend und war froh, dass es heraus war ...

Das Gesicht des Mädchens übergoss sich mit einem verschämten Rot. »Ich?«, sagte sie dann mit hilflosem, verlegenem Lächeln, schüttelte heftig den roten Kopf und lief in ihrer Verlegenheit an den Herd. Ihre Hände zitterten merklich, als sie die Eier in die Pfanne schlug und sie ihm dann vorsetzte. »Lass dir's gut schmecken!«, sagte sie, ohne ihn anzusehen, und eilte zur Tür hinaus, als müsste sie draußen rasch etwas besorgen.

Er schaute ihr betroffen nach. Was war das? Hatte er sie mit seiner voreiligen Frage verletzt? Aber er musste ihr ja gleich zeigen, dass er nicht mehr der war, der vor mehr als fünf Jahren fortgezogen war. Damals hatten sie freilich zusammengehört: Sie waren beide noch frohe Kinder des Schwarztanns, und ihre Sinne lagen so eng beieinander wie die Fluren ihrer Väter, die drunten in der Talmulde an der Gemarkung zusammenstießen. Aber jetzt lagen fünf Jahre dazwischen, ein Leben und eine Welt, und was er damals als junger Steinmetz vom Schwarztann erstrebt hatte, konnte er heute als Bildhauer von Chur nicht mehr halten, denn sein Sinn hatte sich geändert und geweitet. – Kein Zweifel: Die Barbara hatte tatsächlich auf seine Rückkehr gewartet, vielleicht mit der gleichen Ungeduld und Sehnsucht wie sein Vater. Aber er konnte ihr nicht helfen. Als er damals in die Fremde zog, hatte er ja keine Ahnung davon gehabt, wie die große Welt draußen aussah, er hatte ja nicht einmal sich selbst gekannt, sondern nur einem starken unbekannten

Drang nachgegeben. So war er auf den Weg geraten, der vom Schwarztann weit ablag.

Schließlich machte er sich hungrig über das Essen her und wartete auf die Rückkehr des Mädchens. Er musste ihr noch ein paar gute Worte sagen, wollte ihr zeigen, wie wohl es ihm getan hatte, dass sie um ihn gleich so besorgt war.

Aber sie blieb lange aus. Das einsame Warten beunruhigte ihn. Gedankenschwer schaute er durchs Fenster auf das düstere Taldorf nieder. Seine Hand streichelte liebkosend über das raue Fell seines Ränzels, als berge es ein tiefes und süßes Geheimnis um den heimgekehrten Sohn des Schwarztanns. Auch sein Gesicht verriet jetzt, dass er sich in eine glückliche Erinnerung verloren hatte ...

Dann stand er plötzlich auf, warf seinen Ranzen auf den Rücken und ging in die Wirtsstube hinüber. Sie war fast leer. Am vorderen Tisch saßen zwei Grenzjäger, die ihm fremd waren, und hinten an einem Ecktisch hockte einsam ein klobiger Bauernbursche, der ihm mit einem merkwürdig abweisenden Blick entgegenstarrte: Das war der Jörg, der zweite Sohn des Klausenbauern vom Taldorf, mit dem er auf der gleichen Schulbank gesessen hatte. Obwohl er ihn sofort erkannt hatte, hielt dieser feindliche Blick ihn doch davon ab, ihn so zu begrüßen, wie es bei Heimatgenossen, die sich nach langer Zeit das erste Mal wiedertreffen, schicklich ist. Seines Wissens hatte zwischen dem Scheibenhof und dem Klausenbauern nie ein Streit oder eine Unstimmigkeit geherrscht. Freilich war er lange fort gewesen, und es konnte sein, dass inzwischen etwas vorgefallen war. Oder war der Bursche so stark betrunken, dass er ihn vielleicht gar nicht erkannte?

Er setzte sich mit einem stummen Gruß zu den beiden Grenzjägern an den Tisch.

Da kam auch schon der Wirt herein.

Der Klausen-Jörg warf klirrend ein Geldstück auf den Tisch und verließ die Stube. Die anderen schauten ihm kopfschüttelnd nach.

»Was hat er denn?«, fragte Konrad Immler.

Die anderen zuckten die Schultern.

Heinrich stand mit den Worten auf, es sei doch jetzt an der Zeit, den Scheibenhof aufzusuchen.

Als sie in den Gang hinaustraten, kam Barbara gerade aus der Küche. Auf ihrem Gesicht lag wieder das freundliche Lachen, mit dem sie ihn begrüßt hatte. Sollte er sich getäuscht haben?

Er verabschiedete sich sehr rasch und versprach, bald wieder herüberzukommen, und ging dann festen Schrittes durch die Dämmerung davon.

Konrad Immler schaute ihm wohlgefällig nach. »Das gibt einen Scheibenhofer! Was?«

Barbara antwortete nicht.

»Etwas von der Stadt ist ja schon an ihm hängen geblieben, aber das verliert sich wieder!«

»Das vergeht nimmer, Vater!«

Der Wirt lachte gemütlich auf. »Es ist der einzige Sohn vom Scheibenhof, und der Scheibenhof steht im Schwarztann, Barbara!« Er klopfte ihr begütigend auf die Schulter und kehrte in die Wirtsstube zurück.

Mit weit ausholenden Schritten ging Heinrich Schrund der Talmulde zu. Er musste sich beeilen, wenn er den Scheibenhof erreichen wollte, noch ehe seine Bewohner zu Bett gegangen waren. Hinter den Gottesackerbergen stieg der Mond auf und beleuchtete die Wildheit dieser Bergwelt, die sich aber heute in ihrer Stille und Einsamkeit wie ein ungeheurer Albdruck auf die Seele des Wanderers legte. Er fürchtete sich vor dem Schwarztann, den er einmal nicht minder geliebt hatte als all die anderen, die zwischen diesen Felswänden geboren waren. Aber es lag etwas in seiner Vergangenheit, was dem Schwarztann ein Geheimnis bleiben musste.

Das versiegelte Testament des Vaters lag wohl verwahrt in den Händen des Schultheiß, schon seit dem Tag, an dem er das Tal verlassen hatte. Er konnte sich noch sehr genau an all die Dinge erinnern, als wären sie erst gestern geschehen: Wie er mit dem Vater vor Johannes Aigner gestanden und auf das versiegelte Testament seinen Schwur abgelegt hatte. Das war die Ordnung des Schwarztanns: Ehe der Vater den Sohn in die Fremde ziehen ließ, wollte er auch die letzten Dinge in Ordnung wissen, damit er ruhigen Auges dem Tod entgegensehen konnte. Hatte er denn vorausgeahnt, dass er den Sohn nicht mehr wiedersehen würde? Heinrich hatte gehorsam auf das Testament geschworen und somit den letzten Willen des Toten schon im Voraus als ein zwingendes Gebot anerkannt. Jetzt war die Zeit gekommen, in der das Testament in Kraft treten sollte, seines Vaters letzter Wille, den er nicht kannte. Das beunruhigte ihn, denn fünf Jahre lagen dazwischen, und während er sich in dieser Zeit verändert hatte, war der Sinn seines Vaters sicher der gleiche geblieben.

In der Talmulde begegnete er einem jüngeren, hoch gewachsenen Mann, der sich auf dem Weg zum Wirtshaus befand. Das Gesicht des Mannes war ihm fremd, und die Kleidung war anders, als sie hier im Tal getragen wurde und woran man in der Regel einen Einheimischen erkennen konnte. Er musste also ein Fremder sein. Oder war es der neue Schulmeister, von dem Konrad Immler erzählt hatte?

Sie tauschten den üblichen kurzen Gruß aus. Kaum aber waren sie aneinander vorbei, da bemerkte Heinrich, dass der Fremde stehen geblieben war. Er schaute zurück und begegnete einem nicht gerade feindlichen, aber abweisenden Blick, den der Mann ihm nachsandte ... Was war denn das wieder? Konnte man es ihm etwa schon vom Gesicht ablesen, dass er dem Schwarztann die Treue nicht gehalten hatte – oder doch wenigstens gern gebrochen hätte? Er beschleunigte seine Schritte immer mehr, und am liebsten wäre er umgekehrt und den Weg zurückgelaufen, den er vor mehr als einer Stunde mit Konrad Immler gekommen war. Aber es ließ sich nicht machen: Er musste hinüber zum Scheibenhof, aus dem man vor etlichen Wochen seinen Vater zur letzten irdischen Fahrt getragen hatte.

Erst als er die Höhe erklomm, hemmte er den Schritt, sein Atem ging rasch und laut. Er spürte, wie sein Herz klopfte. Trug daran der steile Anstieg Schuld? Oder war es die Angst vor dem Kommenden? Kein Laut störte die abendliche Stille. Nur drüben, im rechten Wiesengrund, plätscherte und gurgelte das Wasser. Das war die Viehtränke, an der er als Kind so gern gespielt hatte.

Jetzt kam er an der alten Ulme vorbei, wo er damals seinem Vater die Hand zum Abschied gereicht hatte. Aus dem leisen Rauschen des Laubes glaubte er wieder die letzten Worte des Alten zu hören, die kurze, eindringliche Ermahnung, in der Welt draußen den Freien des Freitals Ehre zu machen, und dass ein Glück in der Fremde dem Frieden der Heimat nie gleichkomme, auch wenn es ihn in seinen jungen Jahren sehr groß dünke ...

Als er unter den alten Obstbäumen dem Haus zuging, trat er so leise auf, als fürchte er, den Geist des toten Vaters aufzuschrecken, der ihn dann zur Rechenschaft ziehen könnte. Nachdenklich schaute er an dem Holzbau empor, der aus schweren Balken zusammengefügt auf einem niedrigen Steinsockel ruhte. Weit sprang das flache Dach vor, bis über die Altane, wo bunte Wäsche zum Trocknen aufgehängt war. In der vorderen Stube brannte noch Licht. Er war also doch noch rechtzeitig angekommen. Die Tür war verriegelt, aber auf sein Klopfen hin vernahm er gleich Schritte im Gang. Der Riegel wurde geräuschvoll zurückgeschoben, und unter dem Türrahmen erschien eine derbe Frauengestalt im Arbeitsgewand der Freitalerinnen. Das harte, ausdruckslose Gesicht, in dem kein Platz für Wärme und Herzlichkeit zu sein schien, richtete sich ohne besondere Neugier auf den späten Gast.

»Ich bin's, Gertrud«, sagte Heinrich.

Gertrud war die älteste Tochter des Scheibenhofers aus erster Ehe. Sie hatte schon zu den letzten Lebzeiten des Bauern das Regiment im Haus geführt und den jungen Bruder nie anders als einen unreifen

Spätling hingenommen, der nun einmal notgedrungen zum Hause gehörte. Aber auch wenn sie eine größere Freude an diesem Wiedersehen empfunden hätte, hätte sie sie nicht gezeigt, denn es gehörte zu ihrer Art, von allen Ereignissen möglichst wenig Aufhebens zu machen. Kein Zug ihres harten Gesichts verriet eine Bewegung, aber nach einer Weile streckte sie ihm die derbe Rechte zum Gruß hin. »Wir haben die letzten Tag alleweil auf dich gewartet. Es ist schon recht, dass du gekommen bist.«

Sie trat etwas beiseite und ließ ihn in den dunklen Gang eintreten, um hinter ihm die Tür wieder zu verriegeln. Dann öffnete sie weit die Stubentür: »Hilde, der Heinrich ist da!«

Kaum hatte er die Stube betreten, wiederholte sich die gleiche wortkarge Begrüßung. Er stand jetzt vor Hilde, der zweiten Tochter des Scheibenhofers aus erster Ehe, die das wahre Ebenbild ihrer Schwester Gertrud war, nur hatte ihr Gesicht ein etwas milderes Aussehen und zeigte sogar ein schwaches Lächeln. Aber vielleicht ließen nur die Haare, die sich über der Stirn kräuselten, sie etwas freundlicher erscheinen.

Heinrich schnallte den Ranzen ab. Dann saßen die drei Geschwister im Herrgottswinkel um den Tisch, und Heinrich erzählte jetzt von seiner Reise, was ihm für die Schwestern wissenswert erschien.

Zuerst hörten die Frauen schweigend zu, dann aber kamen sie auf den Vater zu sprechen, der sie so unerwartet verlassen hätte. Hilde habe ihn bis zur letzten Stunde gepflegt und auch einige Male versucht, aus ihm noch dies und das, was für die

Hinterbliebenen wichtig gewesen wäre, herauszubringen. Aber der Sterbende hätte ihr nur immer wieder angedeutet, dass er seinen letzten Willen, den er in nichts zu ändern gedenke, beim Schultheiß hinterlegt habe.

Gertrud hatte ihre sonnenverbrannten Arme breit auf den Tisch gelegt und sah Heinrich fest in die Augen. Man müsste jetzt halt warten, bis das Testament verlesen sei. Es würde sich ja kaum viel ändern, und da er sicher bald wieder nach Chur zurückkehren wolle, müsste man Johannes Aigner veranlassen, das Testament am nächsten Sonntag zu öffnen. Sie sehe ja ein, dass er jetzt von der bäuerlichen Arbeit nichts mehr wissen wolle, aber er brauche sich darüber nicht zu bekümmern, weil sie über den Sommer einen Knecht zu Hilfe geholt hätten.

Wenn Heinrich diesen Erwägungen auch wenig entgegenzusetzen hatte, so ärgerte ihn doch die Art, wie man ihn hier überging. Wie konnte man einfach sagen, dass er von der Bauernarbeit nichts mehr wissen wollte? Dass er möglichst bald nach Chur zurückzukehren wünschte? Kein Wort hatte er darüber verloren! Die Schwestern wollten ihn rasch wieder los werden und versuchten nun vielleicht, ihm klarzumachen, dass er hier sein Heimatrecht verloren hätte, seit der Vater tot war. Das ärgerte ihn, denn war es nicht geradezu herausfordernd, dass die Schwestern sich jetzt schon als die Besitzer des Scheibenhofes aufspielten, obwohl der Wortlaut des Testaments noch gar nicht bekannt war? Freilich wollte er ihnen den Hof nicht streitig machen, und am liebsten wäre er ja morgen schon wieder nach

Chur zurückgekehrt, aber schließlich war er doch der Sohn des Scheibenhofers, der doch andere Rechte beanspruchen konnte, als nur Gast zu sein.

So lehnte er auch schroff jedes Essen ab, das man ihm aufwarten wollte, und verlangte zur Ruhe zu gehen, da er müde und schlafbedürftig sei.

Sofort brannte Gertrud einen Kienspan an, sie leuchtete ihm voran in die für ihn bereitstehende Kammer. Zu seiner Verwunderung führte sie ihn nicht in das Stübchen, in dem er früher immer geschlafen hatte, sondern in die so genannte »bessere Kammer« über der Stube, in der man sonst die Gäste des Scheibenhofes zu beherbergen pflegte.

»Wir haben gedacht, dass dir dein Stüble doch nimmer gut genug sein könnt, und drum haben wir die gute Kammer für dich gerichtet«, war die Antwort.

»Bin ich denn als Bruder oder als Gast heimgekommen?«, fragte er befremdet.

Gertrud schaute ihm kalt ins Gesicht. »Als nobler Bruder ... und wir sind Bauern geblieben, Heinrich! – Schlaf gesund!« Sie schloss lautlos die Tür, dumpf hallten ihre Schritte auf der Stiege.

Heinrich war allein. Unschlüssig stand er in der Mitte der Kammer und lauschte in das stille Haus hinein. Es war also so gekommen, wie er es vorausgeahnt hatte: Lediglich als Gast weilte er im Hause seines Vaters. Wäre er doch geblieben, wo er war! Was konnte dem Vater seine verspätete Heimkehr noch nützen? In Chur hatte es Tränen gegeben beim Abschied! Und im Schwarztann? Wer würde ihm hier nachweinen? – »Wenn du mal hörst, wo du auch grad sein magst, dass der Scheibenhofer gestorben ist, dann pack deinen Ranzen und kehr heim!«, hatte der Vater ihm, ein paar Tage bevor er fortgezogen war, ans Herz gelegt. Und eingedenk dieser Worte war er jetzt auch zurückgekommen.

Die Schwestern waren vielleicht der Meinung, dass das Erbe, der Hof, ihn heimgelockt hätte! Sie konnten ja nicht wissen, wie weit sein Sinn hinausgewachsen war über den Felsring der Gottesackerberge.

Dann öffnete er den Ranzen, legte die Wäsche in den Schrank und richtete sich für einige Tage in dem ungemütlichen Zimmer häuslich ein. Schließlich setzte er sich auf den Bettrand, holte aus dem Ranzen ein kleines Bild hervor, das er lange betrachtete. Auf sein Gesicht stahl sich ein sehnsüchtiges Lächeln: Es war das Bild einer jungen, schönen Frau.

»Katharina!«, flüsterte er. »Wenn du mich hier so sehen würdest!«

Dann sank seine Hand herab, die Stirn furchte sich und sein Blick richtete sich durchs Fenster hinaus in die rabenschwarze Nacht. Wovor fürchtete er sich denn? Wer konnte ihn hindern, wieder in die Welt hinauszuziehen, wenn es ihm im Schwarztann zu eng würde? Der Vater war tot, und die Schwestern würden ihn wohl kaum zurückhalten. Barbara von der »Rabenfluh«? Nein! – Und doch war es ihm, als erstünden um ihn herum Mauern, durch die es kein Entrinnen mehr gab. War es Johannes Aigner, der das Testament des Vaters in Händen hatte? Aber was gingen ihn heute noch die Gesetze der Freien vom Freital an? Er war Heinrich Schrund, der Bildhauer aus Chur, und seine Heimat lag heute jenseits der schwarzen Berge.

»Mut!«, flüsterte er sich zu. »Wenn ich auch ein Sohn des Schwarztanns bin, deshalb bin ich nicht minder ein freier Mann!«

Er versenkte das Bild wieder in den Ranzen, den er im Schrank einschloss, als hätte er ein großes Geheimnis zu wahren.

Trotz der Müdigkeit war er erst gegen Morgen in einen tiefen Schlaf gefallen. Als er erwachte, stand die Sonne schon hoch am Himmel. Kein Laut rührte sich im Haus, von draußen kam das friedliche Geläute der weidenden Kühe. Er sprang aus dem Bett und öffnete das Fenster. Nicht weit vom Haus entfernt bewegte sich das Vieh des Scheibenhofes auf einer weiten, umzäunten Weide, saubere, schöne Tiere. Zehn Stück zählte er, und diese Zahl erregte sein Erstaunen, weil er sich gut erinnern konnte, dass man früher nie über acht hinausgekommen war. Hatte man ein Grundstück dazugekauft? Oder sollte Gertrud es wirklich so gut verstehen, den Ertrag des Bodens zu steigern? Besser als der Vater es gekonnt hatte?

Er ging in die Stube hinab. Kein Mensch war weit und breit zu sehen oder zu hören. Sein Frühstück stand auf dem Tisch bereit. Sicher waren alle schon bei der Arbeit.

Lange stand er unschlüssig im Haus herum, er wusste nicht, was er machen sollte. Schließlich wanderte er einige Male ums Haus herum und schaute dann in den kleinen Anbau, der an der Rückfront des Hauses angebracht war. Früher, als im Schwarztann die Pferdezucht von großer Bedeutung war, hatte dieser Anbau als Rossstall gedient. Jetzt waren dort alle möglichen Geräte untergebracht. Bevor er in die Fremde gezogen war, hatte er hier seine Werkstätte als Steinmetz. Grabsteine und Steinkreuze aus den groben Blöcken hatte er gehauen, teils im Auftrag der Schwarztannler, teils zur eigenen Übung. Davon war heute nichts mehr zu entdecken. Brennholz und unnützer Kram lagen herum. Nur an der Rückwand lehnten noch ein paar unbehauene Felsblöcke aus jener Zeit, die den rührigen Aufräumern anscheinend zu schwer gewesen waren. Das Werkzeug befand sich in einer offenen Kiste und war beiseitegerückt. So fühlte er sich auch aus diesem Raum hinausgedrängt! Schon gut: In Chur hatte er eine bessere Werkstätte! Und doch ärgerte es ihn, dass man alles so beflissen aus dem Weg geräumt hatte, was daran erinnerte, dass der Scheibenhof auch einen männlichen Nachkommen hatte.

Als er den Raum verließ, schlug er die Tür krachend hinter sich zu, sein Gesicht zeigte Unwillen. Ach, er kannte seine Schwestern! Es lag ihm einfach nicht, sich dem Weiberregiment unterzuordnen, und wäre es auch nur für einige Tage gewesen. Er hatte doch erwartet, dass wenigstens bis zur Testamentseröffnung alle drei Geschwister zu gleichen Rechten im Scheibenhof ein- und ausgehen dürften!

Langsam ging er den Zaun der Viehweide entlang dem Talgrund zu. Sollte er zur »Rabenfluh« hinübergehen? Aber auch die da drüben befanden sich jetzt bei der Arbeit, und er wäre nur hinderlich gewesen. Unerträglich war dieses Herumlungern, dieses Nichtstun! Der einzige Sohn des Scheibenhofers als Gast im Haus des Vaters! Warum? Weil seine Stiefschwestern ihn aus den Rechten der Heimat gestrichen hatten!

Er setzte sich an den Wiesenrain und grübelte. Was ging der Schwarztann ihn noch an? Was hatte er im Scheibenhof noch zu suchen? ›Nach Chur! Zurück nach Chur!‹, schrie es in seinem Innern, und wieder packte ihn unbeschreibliche Sehnsucht. Warum ging er nicht einfach auf und davon? Worauf wartete er denn noch? – Und doch war ihm, als trüge er Ketten an den Füßen: Er ahnte, dass noch etwas kommen würde, vor dem ihm immer wieder bangte. War es der Geist des toten Vaters, der ihn in solchen Stunden umgab? Was wollte er von ihm? Etwa dass er im Schwarztann bleibe? Unmöglich! Oder dass er als Scheibenhofer ihm in der Würde eines Freien vom Freital nachfolge? Lächerlich! Gertrud war heute Herrin des Scheibenhofes, sie hatte es ihm deutlich genug gezeigt.

So saß er wohl eine gute Stunde da, bis ihm der Gedanke kam, dass er seinem Vater eigentlich einen Grabstein hauen könnte. Darüber vergingen die Tage dieses furchtlosen Wartens und schließlich war es ja auch nicht mehr als recht und billig, dass er dem Toten diese letzte Ehre erwies. Sofort musste einer der großen Steine auf den Gottesacker hinabgefahren werden, damit er gleich mit der Arbeit beginnen konnte.

Er stand rasch auf und wollte zum Scheibenhof zurück. Da hörte er in der Nähe Schritte. Ein Stück unterhalb kam wie zufällig ein Bauernbursche vorbei. Die Hände in die Hosentaschen versenkt, den Blick zu Boden gerichtet, schlenderte er dem Weg zu, der zur Rabenfluhwirtschaft hinüberführte. Der Klausen-Jörg! Wo kam der jetzt her? Da erinnerte sich Heinrich, dass der Klausenbauer hier in der Nähe eine Wiese hatte. Aber was hatte der Bursche um diese Zeit in der »Rabenfluh« zu suchen? War er ein Gasthaushocker geworden? Überhaupt schien sich das Wesen dieses Burschen in den letzten fünf Jahren von Grund auf verändert zu haben: Das finstere Gesicht, die mürrisch hochgezogenen Schultern! Verschlossen war er früher schon, als Kind sogar störrisch und trotzig. Die anderen hatten nie gern mit ihm gespielt. Aber Heinrich konnte sich nicht erinnern, dass er einmal einen Streit mit ihm gehabt hätte.

»Wohin, Jörg?«, rief er.

Der Angeredete blieb mit einem Ruck stehen und schaute herauf, offenbar unschlüssig, ob er eine Antwort geben sollte oder nicht. Schließlich kam er aber doch einige Schritte näher und wartete dann, bis Heinrich bei ihm angelangt war.

»Du gehst hinüber ins Wirtshaus?«, fragte Heinrich freundlich.

Der Bursche machte ein beleidigtes Gesicht. »Ich bin kein Säufer! – Ich weiß schon, dass man im Schwarztann schreit: Der Klausen-Jörg säuft! – Aber –« Er vollendete den Satz nicht. Sein Gesicht verzog sich zu einer Grimasse. Dann schaute er Heinrich in die Augen: Warum er denn jetzt plötzlich heimgekommen sei, wollte er wissen.

Heinrich antwortete, er müsse doch wieder einmal heimschauen, da ja sein Vater gestorben sei. Gestern Abend sei er angekommen.

Der Jörg blickte lauernd zu ihm auf. Er hätte ihn schon gesehen und könne sich wohl denken, dass man in der »Rabenfluh« an seiner Heimkehr mehr Freude gezeigt hätte als im Scheibenhof.

»Wieso?«

Der Bursche zuckte die Schultern: Das denke er sich eben so. In diesem Augenblick sah er recht verschlagen drein. »Bleibst du länger da?«, fragte er dann so nebenbei, aber Heinrich hörte deutlich heraus, dass ihm sehr viel an der Beantwortung dieser Frage lag.

»Das hängt von den nächsten Tagen ab.«

»Aha!« Mit beißendem Spott in der Stimme fuhr er fort, man dürfe ja nicht viel Stolz im Leib haben, wenn es einem so passe, wie es heute im Scheibenhof sei. Ob er denn schon wisse, wie man den Scheibenhof heut nenne? Weiberhof! Gertrud sei sicher eine gute Bäuerin, aber die Frau möchte er kennen lernen, die neben ihr Scheibenhoferin werden möchte, falls er, Heinrich, doch einmal den Hof übernehmen sollte!

Diese Rede ärgerte den jungen Scheibenhofer, aber er schwieg dazu. Es war ja auch nicht verwunderlich, dass die Leute spöttelten. Doch er konnte nicht am ersten Tag schon mit der Faust auf den Tisch schlagen! Weiberhof! Furchtbar!

»Von mir aus!«, ließ der Jörg sich wieder hören. »Ich hab's auch nit gern gesehn, dass du heimkommen bist, grad jetzt ... Aber ...«

Heinrich horchte auf. Also hatte er sich doch nicht getäuscht? »Warum willst du dich mit mir nimmer vertragen, Jörg?«

»Es sind jetzt grad mehrere im Schwarztann, die sich nimmer vertragen wollen, wie's halt ist, wenn sich ein Mädel zum Heiraten rüstet. Und du, du passt da schon ganz schlecht dazu!« Der Bursche ließ ihn stehen und ging davon.

Heinrich schaute ihm kopfschüttelnd nach, dann aber musste er lachen. Was gingen ihn denn die Mädchen vom Schwarztann noch an! Was ihn nachhaltiger beschäftigte, war die Angelegenheit des Scheibenhofes. Es war also schon lange ein öffentliches Gespräch, dass dort die Weiber regierten. Aber wie sollte es denn anders sein? Der Vater war alt und krank und konnte Gertrud das Heft nicht mehr aus der Hand reißen. Und der Junge? Vielleicht hätte er es vermocht, aber er rechnete sich nicht mehr zum Scheibenhof. Oder hatte man im Schwarztann wirklich von ihm erwartet, dass er dem Regiment der beiden Frauen ein Ende setzte? Auf alle Fälle musste er sich in seine Rechte hineindrängen, solange er hier war. Er würde mit Gertrud reden, gleich jetzt, wenn sie daheim war. Weiberhof! Der Scheibenhof, der alte Freihof! Er würde nicht zulassen, dass man so abfällig über sein Vaterhaus spricht!

Rasch näherte er sich dem Gehöft. Die Tür stand weit offen. Sie waren also daheim. Als er in den Hausgang trat, fand er die anderen gerade beim Essen: Gertrud, Hilde und einen älteren Knecht. Sie saßen mit aufgestützten Ellenbogen um den Tisch und löffelten wortlos die Suppe aus der Schüssel.

Gertrud stand gleich auf. »Wo bist denn gewesen? Wir haben dich im ganzen Haus gesucht! Dein Essen steht schon lange in der Stube!«

»In der Stube? Warum in der Stube?«

»Du kannst doch nicht ...!«

Da war es wieder: Er galt ja nur als Gast im Scheibenhof! Mit gefurchter Stirne ging er in die Stube und merkte nicht mehr, wie Gertrud der Hilde einen bedeutsamen Blick zuwarf. Er setzte sich an den Tisch, ohne jedoch das Essen anzurühren. Seine Hand lag zur Faust geballt auf der Tischplatte, sein Gesicht hatte einen finsteren Ausdruck angenommen. Ja, es musste etwas geschehen, so durfte das nicht weitergehen!

Kein Wort fiel draußen im Gang. Dann wurden die Stühle gerückt und in drei Stimmlagen das Tischgebet gesprochen. Endlich ging die Tür auf, und Gertrud kam herein.

»Warum isst du nicht?«, fragte sie.

Er schüttelte den Kopf, stand auf und ging ihr entgegen. »Warum sondert ihr mich so ab, Gertrud? Man möcht grad meinen, ich gehörte nimmer her! Ich hab die Bauernarbeit nicht verlernt und hätt euch recht gern geholfen. Ihr braucht doch nichts zu fürchten, wenn das Testament verlesen ist, kehre ich dem Schwarztann wieder den Rücken. Aber solange ich da bin, will ich nicht als ein Fremder behandelt sein! Denn ich bin hier zu Hause wie du!«

Zuerst hatte Gertrud verwundert aufgeschaut, dann aber stützte sie die Hände angriffslustig in die Hüften und maß ihn von oben bis unten. »Oho! Jetzt möchtest dich um den Scheibenhof kümmern!

Hat es dich gekümmert, wer bis heut die Arbeit getan hat? Es kann ja gar keine Frage sein, wem der Vater den Scheibenhof verschrieben hat!«

»Ich mach euch den Hof nicht streitig, weil ich nicht länger im Schwarztann bleiben will und sein kann, als ich unbedingt muss. Aber solange ich hier bin, bin ich der Sohn des Scheibenhofers und will als solcher gelten.«

»Dass du mit einem Mal draufkommst? Du hast vorher auch nicht gewusst, dass du ein Scheibenhofer bist. Der Vater hat in den letzten Jahren nimmer viel tun können. An wem ist dann alles hängen geblieben? He? Man ist uns im Schwarztann neidig drum. Aber wir haben es geschafft, und zwar für uns und nicht für andere!«

Heinrich fühlte den Vorwurf und konnte sich nicht verteidigen, weil alles stimmte, was sie sagte. Er senkte schuldbewusst den Kopf und schwieg betroffen. Erst nach einer Weile schaute er wieder auf und begegnete dem unbeugsamen Blick der Stiefschwester.

»Nun, habt ihr keine Arbeit für mich? Im Haus oder auf dem Feld?«

Sie schüttelte den Kopf. »Nein, es bleibt so, wie's ist!«

»Dann leih mir für heute Nachmittag das Fuhrwerk. Ich möcht einen Stein auf den Gottesacker bringen.«

»Heut? – Heut müssen wir einfahren, weil's Wetter hält! Vielleicht geht's morgen. Du brauchst dich nicht darum kümmern, sobald es geht, wird der Stein nuntergeschafft.«

Jetzt stieg ihm das Blut in den Kopf. »Du bist bockbeinig, Gertrud!«

»Ich bin's geworden, weil's nötig war!«

»Dann leih ich mir von der ›Rabenfluh‹ ein Fuhrwerk!« Er wollte zur Tür.

»Bleib!«, befahl Gertrud herrisch.

»Keine Stunde länger, wenn du mich weiter so auf die Seite stellst«, entgegnete er hitzig.

»Dann geh zu!«

»Dass du dich nicht schämst!«

»Jetzt bin ich Herr da herinnen! Der Scheibenhofer ist tot!«

»Aber er hat noch nicht gesprochen, Gertrud!«

Da ging die Tür auf, und Hilde kam herein. Sie wandte sich an Gertrud: »Sollen wir das Fuhrwerk gleich mitnehmen, falls das Heu im Biberloch bis zum Abend noch dürr wird?«

Gertrud überlegte. Dann streifte sie Heinrich mit einem trotzigen Blick. »Ja, das Fuhrwerk geht mit!«, entschied sie.

Da ging Heinrich mit großen Schritten aus der Stube und warf krachend die Tür hinter sich ins Schloss.

Hilde schaute betroffen auf. »Was hat er denn?«

»Lass ihn!«, sagte Gertrud mit einer wegwerfenden Handbewegung. »Wenn man einem Menschen bloß den kleinen Finger gibt, dann hat er bald die ganze Hand!«

Nach dieser ersten Auseinandersetzung mit seiner Stiefschwester Gertrud wanderte Heinrich eine Zeit lang planlos draußen auf und ab, dann aber machte er sich auf den Weg hinab ins Dorf. Auf dem

Friedhof suchte er das Grab des Vaters auf. Es war ein großer, von einer dicken Mauer umfriedeter Platz, den die Schwarztannler zur Bestattung ihrer Toten ausgesucht hatten. Zwischen den Gräbern war noch viel unberührter Rasen. Die Grabstätte der Scheibenhofer lag gleich am Eingang, in der ersten Reihe der Freien vom Freital, der so genannten Herrenbauern, deren Geschlechter bis in jenes frühe Jahrhundert zurückreichte, als der wilde Schwarztann erstmals gerodet worden war.

Lange stand Heinrich vor dem Grab seines Vaters. Sein Blick ruhte auf dem Holzkreuz, das ein weißes Täfelchen mit dem Namen des Scheibenhofers trug, die Hände hatte er andachtsvoll ineinander gelegt, als führe er mit dem Toten eine stumme Zwiesprache.

Dann ging er in die Kirche und langsam um das alte Gestühl herum, betrachtete sinnend die ehrwürdigen Deckengemälde, die ihm von Kindheit an vertraut waren, und warf einen Blick hinauf zur Orgel. Dort entdeckte er hinter dem Tastentisch den Kopf eines jungen Mannes, der sich vielleicht eben zum Spielen anschicken wollte, aber dann, durch die hallenden Schritte gestört, nach dem Kirchenbesucher Ausschau gehalten hatte.

Die beiden Männer schauten sich in die Augen, und sofort erinnerte sich Heinrich wieder an die gestrige Begegnung, als er spät am Abend von der »Rabenfluh« zum Scheibenhof hinübergewandert war. Er bemerkte den abwägenden Blick, der ihn gestern schon so seltsam berührt hatte. Das war also der neue Schulmeister vom Schwarztann.

Der Kopf droben verschwand. Die Orgel fing leise zu klingen an. Ein altes Kirchenlied, das er schon als Kind mitgesungen hatte. Langsam wurde das Spiel lauter, und schließlich präludierte der Orgelspieler alle möglichen Themen bekannter Kirchenlieder, worin er sich als wahrer Meister erwies. Heinrich wurde warm ums Herz, während er dem Spiel lauschte. Er blieb mit gesenktem Kopf stehen und nahm diese alten, heimatlichen Klänge in sich auf. Es lag ja so viel von seinen eigenen Empfindungen und Wünschen darin. Er blickte auf sein vergangenes Leben zurück, das in diesem Augenblick so klar wie ein Maientag vor ihm ausgebreitet lag.

Die Orgel rauschte, immer mehr Register traten hinzu – dann wurde das Spiel mit einem Mal abgebrochen. Jetzt herrschte Stille in der düsteren Kirche, bis droben geräuschvoll der Spieltisch geschlossen wurde und Schritte auf der Stiege hallten. Heinrich rührte sich nicht vom Fleck. Der Schulmeister musste auf seinem Weg nach draußen an ihm vorbei. Sie sahen sich fest in die Augen.

Der Schulmeister blieb stehen. »Sie sind Heinrich Schrund, der Bildhauer aus Chur?«, fragte er.

»Ja, ein Sohn des Schwarztanns.«

»Ich habe schon oft von Ihnen gehört. Mein Name ist Michael Frühauf«, sagte der Schulmeister mit einer leichten Verbeugung. »Seit zwei Jahren bin ich Schulmeister im Schwarztann.«

Sie gaben sich die Hand.

»Sie sind als Steinmetz ausgezogen?«

»Vor fünf Jahren. Gestern bin ich heimgekommen.«

»Ja, ich hab Sie gesehen. Was spricht man in der Welt draußen?«

»Man befürchtet allerorts den Anbruch einer schweren Zeit!«

In die Gestalt des Schulmeisters kam eine merkwürdige Bewegung. »Es sind nicht die Dümmsten, die das befürchten! Sicher ist es gut, dass wieder ein Mann im Scheibenhof ist!«

Heinrich gab keine Antwort.

Der Schulmeister blickte längere Zeit vor sich auf den Boden, dann sah er mit sorgenvollem Gesichtsausdruck auf. Die Schwarztannler seien ja als gute Schützen bekannt, und vor allem habe das Tal eine geschützte Lage. Da es in anderen Tälern dem aufgebotenen Landsturm schon gelungen sei, sich rühmlich mit den räuberischen Heeren zu schlagen, dürften die Schwarztannler sich erst recht nicht verloren geben. Die Landesherren seien schon vielerorts vor den Marodeuren geflohen, aber die Not gebiete heute jedem Einzelnen, seine Habe nach Kräften zu schützen. Er selbst habe ja nichts zu verlieren, aber es sei wundersam, unter den Freien vom Freital zu leben und zu wirken, sodass auch er nicht mehr anders könne, als das Schicksal der Bewohner des Schwarztanns zu teilen. Dann schaute er Heinrich fragend ins Gesicht: »Und jetzt sind Sie wieder Steinmetz vom Freital?«

»Wenigstens die nächsten Tage über. Ich will meinem Vater einen Stein auf sein Grab setzen.«

»Und weiter?«

»Das muss sich erst ergeben.«

»Scheibenhofer?«

»Kaum, ich muss zurück nach Chur.«

»Sie müssen? Richtig, ich habe so etwas Ähnliches in der ›Rabenfluh‹ gehört. Sie haben dort, sicher unbewusst, Leid hineingetragen!«

»Was habe ich?« Heinrich riss die Augen auf.

»Nun ja, was bedeutet für den Schwarztann ein Zeitraum von fünf Jahren?«, fuhr der Schulmeister fort. »Hier wandelt sich der Sinn der Menschen langsamer, oft auch gar nicht. Ich habe immer damit gerechnet, dass Sie als ein ganz anderer heimkommen, als der Sie vor fünf Jahren ausgezogen sind. Und doch: Sie sind ein Sohn des Schwarztanns, und wenn Sie erst länger wieder diese Luft atmen, werden auch Ihre Gedanken wieder hierher zurückfinden. Wir sind uns fremd, und deshalb wird es Sie ein wenig wundern, wenn ich Ihnen sage, dass mir vor Ihrer Heimkehr immer gebangt hat! Jetzt aber sehe ich, dass wir uns wohl vertragen könnten! Auf alle Fälle sind Ihre Rechte hier älter als die meinen. Nun, wir werden uns in diesen Tagen noch öfter sehen, weil Sie doch auf dem Friedhof arbeiten.« Damit streckte er Heinrich die Hand hin, und sein Gesicht zeigte zum ersten Mal den schwachen Anflug eines Lächelns. Dann verließ er rasch die Kirche.

Heinrich blieb noch und sann über die Worte des Schulmeisters nach. Er ahnte, wer zwischen ihnen stand: Barbara, die Tochter des Rabenfluhwirts! Er begriff, was der Mann mit den älteren Rechten sagen wollte, und er lächelte mitleidig. Das eine stand fest: Dieser Michael Frühauf passte in den düsteren, schweigenden Schwarztann mit seinen herben Menschen.

Dann verließ auch er die Kirche und kehrte ans Grab des Vaters zurück. Zu seinem nicht geringen Erstaunen lag dort ein großer Steinblock, den man angefahren haben musste, während er in der Kirche war. Daneben stand die Kiste mit dem Werkzeug.

Wo kamen die Sachen plötzlich her? Man hatte ihm doch für heute das Fuhrwerk verweigert! So musste Gertrud wohl noch einmal darüber nachgedacht und sich eines Besseren besonnen haben. Oder wollte sie ihm nur das Fuhrwerk nicht anvertrauen? Unnütze Fragen, die ihn bloß ärgerten. Er packte die Werkzeugkiste aus und begann zu arbeiten.

Bis zum späten Abend dieses Tages hörte man auf dem Friedhof ein Hämmern und Kratzen: Der Sohn des Scheibenhofers schlug einen Stein für das Grab des Vaters.

Dieses eintönige Klopfen lockte an den nächsten Tagen so manchen Schwarztannler, der gerade vorbeiging, in den Friedhof. So hatte Heinrich mehrere Stunden des Tages Gesellschaft, und oft war es ihm zuwider, all die neugierigen Fragen der Heimatgenossen zu beantworten. Jeden Nachmittag kam zur gleichen Stunde der Schulmeister zu ihm, unterhielt sich eine Weile mit ihm, um dann in die Amtsstube des Schultheiß zu gehen, wo er seinen Verpflichtungen als Amtsschreiber nachzukommen hatte.

Es fiel Heinrich nicht schwer, vom Kirchberg aus zu beobachten, was im Dorf so vor sich ging, denn ab und zu machte er eine Pause vom Hämmern und lehnte dann ermüdet an der Friedhofsmauer, um sich im heimatlichen Tal umzuschauen. Was ihn an diesen Tagen plagte, war mehr als bloße Langeweile.

Er fühlte, dass er allen und allem fremd geworden war, es wollte ihm nicht mehr gelingen, sich einzugliedern in die enge Gemeinschaft des Tales, obwohl alles so geblieben war, wie er es verlassen hatte. Es musste also an ihm liegen, er selber musste sich verändert haben! Ja, das hatte er auch. Und wie sehr war er ein anderer geworden!

Jeden Tag spürte er es mehr, wie weit er sich innerlich von der heimatlichen Art entfernt hatte. Und jetzt? Fand er noch einmal heim? Nein! Es war viel zu spät! Er wollte sich dazu auch gar keine Mühe geben, weil er sich eine neue Heimat geschaffen hatte.

2

An einem Vormittag erschien ein hoch gewachsener Mann bei Heinrich auf dem Friedhof. Das Kopf- und Barthaar war grau, das hagere Gesicht zeigte harte Züge, wozu vielleicht die schlanke, leicht gebogene Nase ihren Teil beitrug. Die grauen Augen waren scharf und daran gewöhnt, mit wenigen Blicken die ganze Umgebung zu erfassen und Situationen einzuschätzen. Aber neben der Strenge zeigte dieses Gesicht auch ein großes Maß an Mut und Entschlossenheit. Im Gegensatz zum Gewand der übrigen Männer des Tales trug dieser Mann einen Anzug aus schwarzem Samt. Es war Johannes Aigner, der Schultheiß des Schwarztanns.

Als Heinrich den Schultheiß zwischen den Gräbern entdeckt hatte, legte er sofort das Werkzeug aus der Hand und ging ihm respektvoll entgegen.

»Ich hab's vernommen, dass du endlich heimgekommen bist«, begann der Schultheiß mit seiner tiefen Stimme. »Ich begrüße dich im Namen des Schwarztanns als den Sohn des Scheibenhofers!«, setzte er hinzu und reichte Heinrich die Hand. In seinem Wesen lag so viel Ernst und Feierlichkeit, dass Heinrich kein passendes Wort zur Entgegnung fand. Daraufhin besprengte der Amtsmann das Grab des Scheibenhofers mit geweihtem Wasser. »Wir haben mit deinem Vater viel verloren, es gibt niemanden im Schwarztann, der ihm nicht nachtrauert«, sagte er, ohne seinen Blick vom Grab zu lassen. Nach einer Weile wandte er sich Heinrich zu. »Am Sonntag nach der Kirche kommst du mit deinen Schwestern zu mir in die Amtsstube. Dann wollen wir sehen, was dein Vater mit euch beschlossen hat.«

Mit diesem Vorschlag erklärte Heinrich sich gern einverstanden, und schließlich wagte er dann doch die Frage an ihn zu richten, ob der Vater nichts Mündliches für ihn hinterlassen hätte, denn es seien jetzt ja gut fünf Jahre vergangen, seit er auf das Testament den Schwur abgelegt habe, und in dieser langen Zeit könnte sich doch manches am Willen des Vaters geändert haben.

Der Schultheiß sah ihn lange an. Dann schüttelte er den Kopf. Er hätte den Scheibenhofer sogar noch ein paar Tage vor seinem Tod getroffen, und sie hätten auch von ihm, Heinrich, gesprochen. Wenn nicht jetzt, dann komme der Bub wenigstens nach seinem Tod, habe der Vater gesagt, und wie es werden sollte, stünde schon mehr als fünf Jahre geschrieben, er gedenke kein Wort daran zu ändern.

Da fiel Heinrich in ein tiefes Nachdenken und übersah dabei, dass er vom Schultheiß immer schärfer beobachtet wurde. Der Alte senkte die Augenlider herab, als hätte er die Gedanken des anderen erraten. »Hast du Angst?«, fragte er plötzlich.

Heinrich hob den Kopf und schaute dem Mann fest ins Gesicht. »Nein.«

»Du bist lange in der Welt draußen gewesen! Vielleicht zu lange für einen Menschen, der im Schwarztann geboren ist!«

»Wenn man im Glück ist, kommt einem die Zeit nie lang vor.«

»Wir haben davon gehört, dass du da draußen ein großer Mann geworden bist. Es ist dir keiner darum neidig, aber es ist auch keiner froh darüber, am wenigsten der da unterm Boden! Glaub mir!«

Heinrich schaute überrascht auf, das hörte sich ja an wie eine Zurechtweisung. »Ich habe weder dem Vater noch dem Schwarztann je Schande gemacht!«, sagte er scharf.

»Das bezweifelt niemand. Warum aber bist du so lange fortblieben?«

»Weil ich nicht früher kommen konnte.«

Johannes Aigner schüttelte ungläubig den Kopf. »Dann ist's dir auch jetzt schwer gefallen! Was ist wichtiger: dass der Sohn dem kranken Vater unter die Arme greift oder dem toten Vater einen Grabstein setzt? Warum hast du so lange gewartet? Unter den Freien vom Freital ist heut ein Stuhl leer, die Zeit ist unsicher und wird das nicht lang vertragen! Der Scheibenhof ist ein alter Freihof mit einer Tradition, die über alle Generationen reicht, seit er existiert! Hast du nie daran gedacht?«

»Nein«, gestand Heinrich etwas unsicher unter dem strengen Blick des Gemeindevorstehers.

»Und wenn dein Vater dir den Hof überschrieben hat?«

»Unmöglich!«, brachte Heinrich heiser hervor, zutiefst erschrocken. »Was sollte dann aus meinen Schwestern werden?«

»Die können alleweil noch fortheiraten«, argumentierte Aigner.

Diese Antwort empfand Heinrich als reinen Spott, als eine Kränkung, was er auch durch einen Blick zu verstehen gab.

Der Schultheiß zuckte zweifelnd mit den Schultern. »Wenn nicht, dann schadet es auch nichts, der Scheibenhof kann schon fünf Leut ernähren. Aber seit jeher ist ein Mann drauf gewesen!« Da keine Entgegnung mehr kam, fuhr er mit wärmerer Stimme fort: »Dein Vater war ein Schwarztannler, ein Freier vom Freital, Heinrich! Warten wir ab, was in seinem Testament steht. Du bist sein Sohn, und der Schwarztann ist deine Heimat und bleibt es! Auch wenn du zum Bildhauer aus Chur geworden bist. Vielleicht hättest du das nie erreicht, wenn du vordem nicht Steinhauer vom Freital gewesen wärst! – Schlag also einen Stein, wie er für den Besten gut genug ist, er hat's verdient!« Mit einem kurzen Gruß ging der Schultheiß rüstig und aufrecht davon.

Heinrich stand da wie erstarrt. Er wusste, jetzt hatte der Schwarztann zu ihm gesprochen. Aber alles in ihm bäumte sich dagegen auf. ›Nein, du hast dich getäuscht, Johannes Aigner! Ich bin Bildhauer von Chur, und eure Welt ist viel zu klein für mich! Es gibt nichts, was mich hier festhalten könnte, und auch die Gesetze der Freien vom Freital sollen mich nicht daran hindern, an die Stätte meines Glückes zurückzukehren!‹ Bei diesem Gedanken schien seine Gestalt zu wachsen, seine Stirn furchte sich, und dann wandte er sich wieder seiner Arbeit zu, setzte den Meißel an und begann so emsig zu schaffen, als müsste er mit der Arbeit möglichst rasch fertig werden.

Aber bei jedem Hammerschlag hörte er sich jetzt von verschiedenen Stimmen angerufen, als wäre er von den Geistern der Toten umgeben, die um ihn herum in den Gräbern ruhten: »Steinmetz vom Freital!« Der Schweiß trat ihm auf die Stirn. Stück um Stück sprang von dem groben Steinblock ab, der jetzt allmählich die Form eines breiten Kreuzes annahm. Und als er endlich bei Einbruch der Dunkelheit die Arbeit einstellen musste, war sein Werk schon so weit gediehen, dass man auf dem Stein schon deutlich das Bild des Gekreuzigten erkennen konnte, um das sich ein steinerner Muschelkranz wand. Bis zum Sonntag, an dem die zahlreichen Kirchenbesucher durch die Gräber wandelten, musste der Stein fertig sein. Vielleicht blieb dieses Werk im Schwarztann unverstanden, weil diese Art von Kunst den weltfernen Bewohnern fremd und unbekannt war. Aber er wollte ja keine Anerkennung, sondern nur dem Toten das geben, was er ihm von sich aus schuldig war. Und doch ... als er seine Arbeit genauer betrachtete, musste er feststellen, dass sie in ihrer Eigenart so gut in den Friedhof des Schwarztanns passte, als wäre sie von selbst aus dieser Erde gewachsen. Sicher hätte der Stein ein ganz anderes Aussehen bekommen, wenn er ihn in seiner Werkstatt in Chur geschlagen hätte. Es war wirklich ein wundersames Ding, im Schwarztann zu leben und zu wirken ... Und an diesem Werk erkannte er, dass der Schwarztann seine Seele bereits wieder erfasst hatte, dass er diese Tage nicht mehr als Bildhauer von Chur, sondern als Steinmetz vom Freital gearbeitet hatte.

Voll schwerer Gedanken verließ er den Friedhof. Er kehrte heute nicht im Gasthaus ein, sondern wanderte gleich über den schmalen Weg hinein in die Talmulde. Die Abenddämmerung fiel ein, und ringsum krochen die Berge wie ein unförmiges, zerrissenes Schattengebilde am Himmel empor, an dem noch die letzte tiefe Röte des sinkenden Sonnenlichtes lag.

Als er so einsam dahinging, kehrten seine Gedanken in die Stadt zurück, und er vergaß alles um sich her. Wie in einem lebhaften Traum begegnete er den Menschen dort, die ihm in den letzten Jahren nahe gestanden waren. Er sprach zu ihnen und hörte ihre Antworten, als stünde er ihnen gegenüber ... »Ich bin ein Sohn des Schwarztanns«, flüsterte er mit einem wehmütigen Lächeln. »Mein Vater ist ein Freier vom Freital, ich bin sein einziger Sohn. Es gibt bei uns ein altes, strenges Gesetz: Wenn die Heimat ruft, dann muss man gehorchen. Meine Heimatgenossen sind Bauern, weltfremde, einfache Menschen, die in meiner Handlung einen Treubruch sehen würden, deshalb muss es ein Geheimnis bleiben, dass ich einem Mädchen in dieser Stadt die Hand reiche. Keiner würde es mir verzeihen, mein Vater am allerwenigsten. Was daraus einmal werden wird, weiß ich nicht, aber Schwüre sind den Leuten des Schwarztanns heilig!« So hatte er damals gesprochen, und düster hatte seine Stimme geklungen. Aber sie vermochte nicht die Sonne aus den lachenden Mädchenaugen zu verscheuchen. »Auch einem Sohn des Schwarztanns gehört mein Herz, Heinrich! Und es wird ihm immer gehören, was auch kommen mag!«

Das war die Antwort. Und dann war eben alles so gekommen, wie es jetzt war. In seinem jungen Glück hatte er den Schwarztann vergessen, bis ihn plötzlich die Nachricht vom Tod seines Vaters erreichte. Sein Glück war bedroht. Er ahnte, was man von ihm verlangen würde, aber dieser Forderung musste er seine ganze Kraft entgegensetzen.

Heinrich blieb stehen und schaute über den wilden Felsring der Gottesackerberge hin, als gäbe es dort einen Weg, auf dem man aus diesem Tal fliehen könnte. Fliehen? Nein! Das war ihm zu feige, zu erbärmlich. Wer konnte ihn denn festhalten, wenn er offen und frei durch den Klimmsteig in die Welt hinausschritt?

Wieder legte sich eine große, unbestimmbare Angst drückend auf seine Seele. Er fühlte sich von unsichtbaren Wächtern umgeben, die auf seine Schritte und auf seine heimlichen Gedanken achteten. Er hatte es Johannes Aigner vom Gesicht abgelesen, dass der Schwarztann seine Rechte geltend machen wollte, wenn es sein musste, auch mit Gewalt.

Da kam ihm ein Mann entgegen. Sein Gang war unsicher, denn er brauchte die ganze Breite des Weges und wankte bald auf die linke, bald auf die rechte Seite. Das konnte nur der Jörg sein, der eben von der »Rabenfluh« kommen mochte.

Als sie sich trafen, blieb der junge Klausenbauer stehen und stierte Heinrich mit weit aufgerissenen Augen ins Gesicht. »Du bist's? Wo gehst hin?«

»Heim.«

»Jaja!«

»Jörg!«, tadelte Heinrich, denn er merkte, dass der Bursche schwer betrunken war.

»Ja, ich komm von der ›Rabenfluh‹. Er ist auch droben. Jeden Tag jetzt, weil er meint, er müsst sie kriegen!«, höhnte der Klausen-Jörg, und blickte ihn mit glasigen Augen an.

»Wer?«

Darauf kam keine Antwort. Der junge Bauer warf einen flammenden Blick zum Wirtshaus hinauf. Dann packte er Heinrich grob am Arm. »Daran bist bloß du schuld, dass sie alleweil noch wartet! Wie lange bleibst du denn noch da?«

»Solange es nottut. Das wird dich wenig kümmern!«, antwortete Heinrich, angewidert von dem gehässigen Wesen des Betrunkenen.

»Du bist ein Schwarztannler, aber auch ich bin einer. Wir zwei wollen uns nicht wehtun. Darum wart ich, bis du fort bist. Mit dem anderen werd ich dann schon fertig!«

»Was redest denn?«

»Was wahr ist! Ich hab meinen Verstand noch lange nicht ersäuft! Wenn du die Barbara willst, du kriegst sie! Magst du sie nicht, zwischen dir und mir steht noch der Schulmeister. Aber bei allen Heiligen –!«

Jetzt war Heinrich alles klar: Der Klausen-Jörg warb um die Tochter des Rabenfluhwirts. Aber auch der Schulmeister liebte die Barbara. Der junge Bauer wusste sich in seiner Eifersucht nicht mehr anders zu helfen, als sich sinnlos zu betrinken. Vorläufig stand er selbst noch dazwischen, weil Barbara sich für keinen der beiden entschieden hatte. Aber dann, wenn er wieder fort war – der wilde Bursche war in seiner Eifersucht und Wut ja zu allem fähig.

»Willst du sie oder nicht?«, fragte der Jörg keuchend.

Heinrich schwieg. Was sollte er ihm zur Antwort geben? Die Wahrheit? Nein, er musste den Schulmeister zuerst warnen.

»So red doch!«

Oder sollte er die Wut des Burschen auf sich lenken? Er war doch ein Schwarztannler, der Schulmeister aber ein Fremder.

»Ja – oder nein!«

»Vielleicht«, antwortete Heinrich jetzt und maß ihn mit kaltem Blick.

Da blitzte ihm ein Augenpaar voll wilder Feindschaft entgegen. »Dann schau zu, dass du nicht zu spät kommst!« Und mit einem grimmigen Fluch taumelte der Betrunkene weiter, ohne sich noch einmal umzusehen.

3

In der Wirtsstube »Zur Rabenfluh« brannte zur vorgerückten Abendstunde noch Licht. Es war das nichts Ungewöhnliches, denn oft kamen die Grenzer spät von ihrem Dienstgang heim, und ehe sie sich zur Nachtruhe begaben, tranken sie gern noch einen Wein. Heute aber zog sich der Wirtschaftsbetrieb aus einem ganz anderen Grund so in die Länge. Handelsreisende, die vom Tannheimertal kommend den Schwarztann erreichten, hatten die Neuigkeit mitgebracht, dass es an der Jochstraße zwischen den Kaiserlichen und Marodeuren zu einer blutigen Schlacht gekommen sei. Da es den Marodeuren nicht gelungen war, ins Tannheimertal einzudringen, irrten sie jetzt in vielen kleineren Abteilungen im Gebirge umher, um in den ungeschützten und unbewehrten Tälern ihre Gewalttaten zu verüben.

Dieser Bericht hatte die Schwarztannler in Aufregung versetzt. Wie ein Lauffeuer verbreitete er sich im ganzen Tal und rief überall die Männer zu Lagebesprechungen zusammen. Sogar in die Siedlung der »Halbjährigen« war die Botschaft der Handelsreisenden gedrungen, und auch hier ließen die Männer die Arbeit stehen und versammelten sich in der »Rabenfluh«, um ihre Meinungen und Sorgen zum Ausdruck zu bringen. Zuerst war es ein heilloses Durcheinander. Die ganz Ängstlichen forderten die sofortige Aufstellung einer Wache, andere wieder, besonnenere Männer, riefen zur Ruhe und Ordnung auf, bis schließlich Konrad Immler gewaltig auf den Tisch schlug und die erregten Schreier zum Schweigen brachte. Er legte dar, dass die Entscheidung über das, was zu tun sei, allein beim Schultheiß liege. Johannes Aigner sei wohl der rechte Mann dafür. Wäre aber eine Beratung notwendig, so seien immer noch die Freien vom Freital da, die den Schwarztann allzeit würdig vertreten und vor Elend und Not bewahrt hätten. Man müsse also warten, bis Johannes Aigner gesprochen habe.

Allmählich legte sich die Aufregung, aber es dauerte immerhin noch ein paar Stunden, bis der letzte »Halbjährige« das Wirtshaus verlassen hatte, um nun auch die Seinigen daheim zu beruhigen.

Einer jedoch blieb zurück: Der Klausen-Jörg. Sein Gesicht zeigte eine offensichtliche Teilnahmslosigkeit, als ginge ihn das alles nichts an. Die Mundwinkel waren spöttisch herabgezogen, und ab und zu kniff er die Augen zusammen, als bereite ihm die Aufregung der Heimatgenossen ein stilles Vergnügen.

Konrad Immler begleitete jeden seiner Gäste bis vor die Tür, um ihnen nochmals Mut zuzureden. So war er öfter einige Minuten abwesend. Dies benutzte der Bursche dazu, Barbara bei der Hand zu ergreifen, immer wenn sie gerade in seiner Nähe vorbeiging.

Das Mädchen wehrte ihn jedes Mal mit einem zurechtweisenden Blick ab. »Sei gescheit, Jörg! Lass das, und trink nicht so viel!«

Als sie aber einmal längere Zeit allein in der Stube waren, stand er plötzlich auf und ging auf sie zu: »Warum gehst du mir aus dem Weg, Barbara? Und das ernsthafte Gesicht! Du wirst doch nicht glauben, was die Handelsreisenden sagen? Lauter Lügen sind's, was man über die Marodeure hört! Oder hast du sonst etwas, was dich bedrückt? Früher bist du alleweil nett zu mir gewesen, wir haben uns gut verstanden und vertragen wie keine anderen zwei im Schwarztann. Und jetzt? Red: Ist's der Heinrich? Oder ... oder ist's der andere?«

»Lass mich doch in Ruhe, Jörg!«, sagte sie unwillig über seine Aufdringlichkeit.

»Dann sag mir bloß: Magst du mich oder nicht!«

»Das kann ich jetzt nicht sagen! Du hast heut wieder zu viel getrunken, Jörg!«

Der Bursche biss sich in die Lippen. »Ich bin bei vollem Verstand und weiß recht gut, was ich mein! – Ich halt's jetzt nimmer länger aus! Ich muss es wissen! Red: Ist's der Heinrich oder –«

Er brach jäh ab, denn eben war die Tür aufgegangen, und herein kam der Schulmeister.

Eine Weile herrschte Totenstille in der Stube. Alle drei empfanden in gleicher Weise das Unangenehme dieser Situation.

Der Schulmeister blieb an der Tür stehen wie einer, der sich nicht schlüssig ist, wo er sich hinsetzen soll. Er wagte es lange nicht aufzuschauen, bis der Jörg, der den Schulmeister mit einem giftigen Blick begrüßt hatte, ein Geldstück klirrend auf den Tisch warf. »Nimm's, es wird so stimmen! Ich spür selber jetzt, dass ich heut zu viel getrunken hab!« Auf seinem Gesicht lag beißender Spott und ohnmächtige Wut, als er ohne Gruß rasch die Stube verließ.

Barbara räumte die leeren Krüge vom Tisch weg und wischte mit einem Tuch darüber.

»Es ist heut ein wenig spät geworden, aber da ich bei euch noch Licht gesehen hab –«, begann der Schulmeister, vollendete aber nicht, weil von draußen die Stimme des Klausen-Jörg zu hören war, der einem anderen etwas zurief und dann in ein höhnisches Gelächter ausbrach, das sich immer mehr entfernte, woraus man schließen konnte, dass er sehr rasch talwärts lief.

»Er hat heut wieder einmal zu viel trunken«, suchte Barbara ihn zu entschuldigen.

»Von Betrunkenen erfährt man am leichtesten die Wahrheit. Ich weiß, dass er mich hasst! Warum? Komme ich ihm zu oft in die ›Rabenfluh‹?«

Barbara zog einen Stuhl hervor und lud ihn zum Sitzen ein. Dann erzählte sie, der Jörg sei immer schon ein wilder Geselle gewesen. Schon früher, wie sie noch in die Schule gegangen seien, hätten die Mädchen ihn gefürchtet und die Buben gemieden, weil er immer gleich so zornig geworden war, wenn es einmal nicht nach seinem Kopf gehen wollte. Das war früher. Und dann hätte sie ihn viele Jahre nicht mehr gesehen, bis er als erwachsener Bursche einmal ins Wirtshaus eingekehrt war. Dann sei er immer wieder gekommen, und in letzter Zeit oft zweimal am Tag. Es könne schon sein, dass er in der Hauptsache ihretwegen komme. Aber sie hätte ihm nie die kleinste Hoffnung gemacht, obwohl sie sich scheue, ihn so schroff abzuweisen, wie er es verdiene.

Der Schulmeister hatte schweigend zugehört und verfiel für kurze Zeit in tiefes Nachdenken. Dann neigte er ein paar Mal schwerfällig den Kopf, als wollte er ihre Worte bestätigen: Er kenne den Schwarztann jetzt und wisse auch, dass es hier zahlreiche ungeschriebene Gesetze gebe, die keine mindere Geltung hätten als die geschriebenen. Den Klausen-Jörg fürchte er nicht, und er komme nach wie vor am Abend auf eine Stunde hierher, wenn es ihr recht sei. Es gebe nur einen Schwarztannler, vor dem er zurücktreten würde, weil er zu viel Achtung vor ihm habe, auch wenn er ihn erst seit wenigen Tagen kenne.

Das Gesicht des Mädchens überzog sich mit dunkler Röte.

Er merkte das und schwieg. So entstand eine längere Pause, und so still war es jetzt in der Stube, dass man die Schläge der fernen Turmuhr zählen konnte.

»Wie es kommen wird, wissen wir alle nicht«, griff der Schulmeister die Unterhaltung wieder auf. »Aber warum sollte die Liebe im Schwarztann anders sein als überall? Wenn ein schönes Mädel zum Heiraten rüstet, dann stellen sich immer mehrere Freier ein, obwohl nur einer das Glück haben kann. Ich habe schon so manchem Paar in der Kirche das Brautlied gespielt, aber hier würde ich mir besonders viel Mühe geben, damit es auch wirklich schön wird!«

Barbara wagte nicht, zu ihm aufzublicken, denn es hatte sich so traurig angehört, wie er das gesagt hatte. Sie wusste recht gut, was er damit hatte sagen wollen, und wenn er sie jetzt gefragt hätte, welcher von beiden ihr der Liebere sei, dann wäre es ihr recht schwer geworden, ihm eine bestimmte Antwort zu geben. Jetzt kam ihr auch das Bild des anderen wieder in den Sinn, auf den sie so viele Jahre gewartet hatte.

Aber Michael Frühauf fragte nicht, und dafür war sie ihm dankbar. Nach einer Weile ergriff er ihre Hand. »Was auch kommen mag, wir bleiben gute Freunde, Barbara! – Wo ist der Vater?«, fragte er dann in einem ganz anderen Ton. Er hätte gern noch mit ihm über die Dinge gesprochen, die den Schwarztann beträfen, denn er komme eben vom Schultheiß.

Barbara stand sogleich auf und rief den Vater, der im Nebenraum mit einigen Männern das Wirtshausgespräch fortgeführt hatte.

Sofort eilte Konrad Immler herbei, und dann saßen die drei noch eine gute Stunde beisammen. Es waren ernste Dinge, die der Schulmeister mit dem Wirt besprach. Und Konrad Immler, der vorhin noch seine Gäste zur Ruhe und Ordnung ermahnt hatte, geriet nun selbst aus der Fassung. Voller Angst schaute er zum Klimmsteig hinüber, als müssten dort jeden Augenblick feindliche Gestalten auftauchen.

Diesmal war es der Schulmeister, der ruhig und sachlich blieb. Vor einer guten Stunde hätte der Schultheiß seine beiden Söhne zu Ross ausgeschickt, um auskundschaften zu lassen, ob die Botschaft der Handelsreisenden auf der Wahrheit beruhe. Man brauche also keine Überraschung zu fürchten, und was die Schwarztannler im Augenblick tun könnten, sei, dass sie ihre Stutzen nachschauten, ob sie in Ordnung seien.

Während sie sich so unterhielten und berieten, trat plötzlich Heinrich Schrund in die Stube. Das kam für die anderen deshalb überraschend, weil man ihn hier seit seiner Heimkehr nicht mehr zu Gesicht bekommen hatte.

Barbara, die eben aufgestanden war, um die Krüge neu zu füllen, blieb wie angewurzelt stehen und wechselte die Farbe, dann machte sie ein paar unschlüssige Bewegungen mit solcher Hast, dass es jedem auffallen musste, wie viel mehr ihr der Angekommene bedeutete als sonst ein Gast. Aber nur der Schulmeister hatte dies bemerkt, und auf sein Gesicht legte sich für kurze Zeit ein Schatten.

Konrad Immler ging Heinrich erfreut ein paar Schritte entgegen: Ob er nun doch eingesehen habe, dass es an der Zeit sei, nach seinen Freunden zu schauen.

Heinrich hörte den leisen Vorwurf, der in dieser Frage lag, und zuckte bedauernd die Schultern. Er sei in den letzten Tagen immer sehr spät vom Friedhof heraufgekommen, und heute hätte er das erste Mal noch Licht in der Wirtsstube gesehen. Daraufhin setzte er sich zu den anderen an den Tisch. Sein Blick streifte das Gesicht des Schulmeisters, der recht unglücklich dreinsah, und lag dann längere Zeit auf Barbara, die ihm scheu auswich ...

»Wie weit bist du mit dem Grabstein?«, fragte Konrad Immler.

»Morgen Abend wird er fertig.«

»Dann können wir ihn am Sonntag anschauen?«

»Was mir an dem Stein am besten gefällt, ist der deutliche Hinweis, dass ein Sohn des Schwarztanns ihn geschlagen hat«, ließ sich der Schulmeister hören. »Ich habe nie daran gezweifelt, dass es ein Meisterwerk werden würde, aber der Stein ist so herrlich und passt so gut, dass man meint, er sei schon immer dort gestanden.«

Heinrich wollte das Lob ablehnen, aber der Schulmeister sprach noch weiter begeistert von dem Werk, sodass auch die anderen Achtung gegenüber dem Sohn des Scheibenhofers empfanden.

Dann legte Konrad Immler seine Hand schwer auf die Schulter Heinrichs. Was er denn zur Botschaft der Handelsreisenden sage?

»Zu welcher Botschaft?«

»Du weißt noch nichts?«

»Nein.«

»Ja, es wird ernst!«, ergriff der Schulmeister wieder das Wort. »Die Marodeure kommen!«

Mit einem Mal verlor Heinrich alle Farbe aus dem Gesicht. »Die Marodeure? – Jetzt? – Wo? – Dann wundert es mich, dass wir noch so gemütlich beisammensitzen!«

»Abwarten!«, entgegnete der Schulmeister, verwundert über seine offensichtliche Verwirrung. »Noch sind sie nicht da, und es dürfte ihnen nicht leicht fallen, durch den Klimmsteig bei uns einzubrechen. Was wir befürchten müssen, ist eine lang andauernde Belagerung.«

»Unmöglich!« Heinrich war polternd vom Stuhl aufgesprungen und sah jetzt aus wie einer, der zum Äußersten und Letzten entschlossen ist.

Konrad Immler zog ihn beschwichtigend auf seinen Sitz zurück. »Wir müssen abwarten, bis der Schultheiß gesprochen hat! Vielleicht wird's nicht so arg, und wenn, dann ist unsere Losung: Hie gut Schwarztann allweg!«

Heinrich ließ sich auf dem Stuhl nieder, gab aber keine Antwort mehr. Überhaupt schien es, als ob er an dem weiteren Gespräch nicht mehr teilnehme. Er war geistesabwesend, nachdenklich und verschlossen.

Barbara beobachtete ihn heimlich und besorgt. So hatte sie ihn noch nie gesehen. Was bedrückte ihn? So nahe lag ihm der Scheibenhof nicht, und seine Sorge um den Schwarztann war bestimmt nicht größer als die der anderen. Fürchtete er um seine Freiheit?

Plötzlich warf er ihr einen solch intensiven Blick zu, dass sie erschrocken zusammenfuhr. Hatte er ihre heimliche Beobachtung bemerkt? Sicher! Denn immer wieder wechselte er mit ihr einen bedeutungsvollen Blick. Aber sie konnte nicht verstehen, was er ihr damit sagen wollte, sie spürte nur, dass er etwas von ihr wollte. Aber was? Es waren ganz merkwürdige Augenblicke, die sie da erlebte, während der Schulmeister mit ihrem Vater sprach.

Als er jedoch plötzlich aufstand und nach seinem Hut griff, wusste sie, dass sie ihm doch nicht näher gekommen war, denn wieder entdeckte sie das Fremde in seinem Wesen, in seinem Gesicht, das sie eindeutig zurückwies.

»Was? Du willst schon heim?«, fragte der Wirt verwundert.

»Ja, es ist Zeit.«

Auch der Schulmeister verabschiedete sich, und miteinander verließen die beiden jungen Männer das Wirtshaus, um gemeinsam ein Stück des Weges zurückzulegen.

Heinrich war heute eigentlich deshalb in die »Rabenfluh« gegangen, um den Schulmeister vor dem Klausen-Jörg zu warnen, und vielleicht auch deshalb, um selbst zu sehen, ob der Schulmeister um das Wirtstöchterlein warb. Aber jetzt waren ganz andere Dinge dazwischengetreten, und er fand einfach keine Gelegenheit, zeigte auch keine Lust, das Gespräch heute auf die Liebe zu bringen. Liebe im Schwarztann! Es war ein ganz eigentümlicher Blick, mit dem Barbara ihn heute angesehen hatte, als ob sie sagen wollte: ›Red doch! Du siehst doch, dass ich darauf warte!‹ Aber was sollte er ihr denn sagen? Sollte er sie anlügen? Dazu war sie ihm zu gut. Die Wahrheit? Damit hätte er ihr wehtun müssen, und das wollte er nicht. Sie war schließlich doch der einzige Mensch im Schwarztann, der ihm aufrichtig zugetan war, von dem er Verständnis und Verzeihung erwarten konnte.

Und der, der jetzt an seiner Seite ging und so angelegentlich von den Gefahren sprach, die den Schwarztann bedrohten? Freilich hätte er gerade dem Schulmeister gern einmal anvertraut, wie es in Wahrheit um ihn stand, aber er fürchtete sich vor seinem Urteil und seiner treuen Gesinnung. Und so schwieg er und wartete.

Der Schulmeister hatte ja keine Ahnung von den Gedanken seines Begleiters und blieb auch bei der

Sache: Nun sei Heinrich doch noch rechtzeitig heimgekehrt, um selbst in das Schicksal seines Heimattals einzugreifen. Er könne sich wohl denken, dass es Heinrich sicher schwer fiele, jetzt fortzugehen. Das sei auch richtig so, denn der edle Mann denke schließlich zuletzt an sich selbst.

Da war es wieder! Ja, er musste noch warten. Welche Augen hätte dieser Schulmeister gemacht, wenn er den wahren Sachverhalt erfahren hätte.

Michael Frühauf streifte ihn mit einem wohlgefälligen Blick. Es hätte auch gleich Eindruck auf ihn gemacht, dass er so entschlossen vom Stuhl aufgesprungen sei, als wollte er sich den Feinden allein entgegenstürzen. In schweren Zeiten täten solche Männer not. Nur dürfte man nie die Besonnenheit verlieren wie neuerdings ein Bauer in Diepolz, der in seiner Wut einem Soldaten ein Holzscheit ins Kreuz geworfen habe, wofür ihm natürlich ein anderer eine Kugel in den Kopf geschossen habe.

Sie wanderten ein Stück durch die Talmulde bis dorthin, wo ihre Wege sich trennten.

Heinrich blieb stehen und zögerte noch eine Zeit lang, bis er endlich hervorbrachte, was er auf dem ganzen Weg schon sagen wollte: »Es war kein Zufall, dass ich so spät noch in die ›Rabenfluh‹ gekommen bin, ich habe gewusst, dass Sie dort sind – und ich wollte Sie warnen.«

»Mich warnen?«

»Sie haben einen Feind!«

»Ja, den Klausen-Jörg.«

»Nehmen Sie die Sache nicht zu leicht, der Bursche ist gefährlich. Das wollte ich Ihnen nur sagen.«

»Ich danke Ihnen. Doch glaube ich, dass ich für meine Person nichts mehr zu fürchten habe, seit der Scheibenhof-Heinrich heimgekehrt ist«, sagte der Schulmeister.

»Der Scheibenhof-Heinrich ist heimgekehrt?«

»Wenigstens das, was von ihm übrig geblieben ist.«

»Ob das aber reicht?«

»Doch, es reicht. Ich weiß das sogar sehr genau!«

Sie schwiegen.

Dann legte Heinrich dem Gegenüber plötzlich die Hand auf die Schulter. »Mann, seien wir doch ehrlich zueinander: Sie lieben die Barbara?«

Sie sahen sich fest an. Beide waren fast gleich groß und im gleichen Alter.

»Ja«, sagte der Schulmeister endlich. »Ich liebe sie! Sind Sie mir böse?«

»Nein, denn kein Mensch hat Gewalt über sein Herz. Ich am allerwenigsten. Es ist jetzt nicht die Zeit dazu, darüber zu reden. Ich kann Ihnen nicht helfen und Sie mir nicht. Kennen Sie die Gesetze des Schwarztanns?«

»Ja.«

»Auch die ungeschriebenen?«

»Ja.«

»Man muss einmal mit ihnen zu tun haben, damit man sieht, wie unsinnig sie sind!«, grollte Heinrich. »Aber wir beide werden daran wohl nichts ändern können.«

»Das wollen wir auch nicht. Aber was auch kommen mag, wir wollen Freunde bleiben!«

Heinrich Schrund nickte erfreut.

Dann drückten sie sich die Hände, und jeder ging seinen Weg heimwärts durch die Nacht.

Den ganzen folgenden Tag arbeitete Heinrich noch einmal auf dem Friedhof, und dann war der Stein für das Grab seines Vaters fertig. Am Abend trug er das Werkzeug ins Gasthaus, um es einzustellen, bis das Scheibenhofersche Fuhrwerk vorbeikäme. Aus der Wirtsstube holte er ein paar kräftige Männer, die ihm halfen, den schweren Stein gleich an die richtige Stelle zu rücken.

Als er wieder allein war, stellte er sich noch einmal vor sein Werk, als wollte er an seiner eigenen Arbeit Kritik üben. So schwer war es ihm in diesem Augenblick ums Herz, dass er an dem Grabmal, das ihm wirklich meisterhaft gelungen war, nicht die leiseste Freude empfand. Denn der morgige Tag hatte ihn in der letzten Zeit gedanklich schwer beschäftigt. Morgen war Sonntag, an dem er mit seinen Schwestern vor dem Schultheiß erscheinen musste, um den letzten Willen des Vaters zu hören. Sooft er daran dachte, stieg die Angst in ihm auf. Und doch: Alles in ihm drängte zur Entscheidung, zur Erlösung aus dieser qualvollen Ungewissheit. Es war so schwer, immer wieder zu warten und zu schweigen, unter diesen Umständen, wie sie tatsächlich nun einmal waren: Der Schulmeister liebte die Barbara, und sie wartete auf den jungen Scheibenhofer. Das wusste der Schulmeister, doch hatte er sich so weit in der Gewalt, dass er ihm, dem Rivalen, sogar noch seine Freundschaft antrug. Und der Klausen-Jörg brütete in seiner ohnmächtigen Eifersucht auf Rache! Wie verschieden die Menschen doch sind!

Solche Gedanken gingen Heinrich durch den Kopf, als er vor dem Grabstein stand. Alles war so klar, so selbstverständlich, dass man es sich gar nicht anders hätte denken können.

Nach einer Weile trat er zurück bis zur Mauer, lehnte sich müde an und schaute auf den Stein, auf den weißen Christus, der aus der einbrechenden Dunkelheit leuchtete.

Dann hörte er einen leisen Schritt. Um die Ecke kam eine Frauengestalt, blickte sich suchend um und blieb schließlich vor dem Grab des Scheibenhofers stehen. Heinrich rührte sich lange nicht. Er hatte die Gestalt erkannt, und sein Staunen war so groß, dass er sich erst fassen musste. Dann aber näherte er sich.

»Barbara!«

Das Mädchen fuhr erschrocken herum. »Du? Du bist noch da?«

»Eben wollte ich gehen. Wenn es dir recht ist, können wir uns ja zusammen auf den Heimweg machen!«

»Ich bin bloß beim Schultheiß gewesen, der Vater hat mich geschickt. Und beim Vorbeigehen wollt ich den Stein anschauen. Wer weiß, wann ich wieder mal ins Tal komm.«

»Wie gefällt er dir?«

»Ich versteh nicht viel von den Dingen, aber ich seh, dass er recht schön ist.« Sie betrachtete stumm den Stein, dann sprach sie leise ein kurzes Gebet für den Toten.

Heinrich stand still dabei und schaute sie verstohlen an, als wollte er die Seele des Mädchens ergründen.

»Wenn dein Vater uns so sehen könnt? Was würde er wohl sagen?«, fragte sie plötzlich in die Stille.

»Ja, was würde er wohl sagen?«

Die Frage blieb unbeantwortet, denn keiner von beiden wagte eine Vermutung zu äußern.

Dann bekreuzigte sich die Barbara. Sie verließen den Friedhof und schritten nebeneinander den Kirchsteig auf die Straße hinab. Es dämmerte, aber noch brannte nirgends Licht in den Häusern. Sogar im Schulhaus waren die Fenster dunkel. Vielleicht war der Schulmeister gar nicht daheim? Sie konnten ja nicht sehen, dass Michael Frühauf in der Schulstube hinter dem Vorhang stand und auf sie herabschaute, als sie unter seinem Fenster vorbeigingen.

Lange wanderten die beiden schweigend nebeneinander her. Die Dunkelheit nahm zu, und als sie das Dorf hinter sich gelassen hatten, tauchten in den Einöden die ersten Lichter auf.

»Wie verträgst du dich jetzt mit deinen Schwestern?«, fragte sie schließlich.

»Nicht gut und nicht schlecht, wie man sich halt verträgt, wenn man sich so lange nicht mehr gesehen hat.«

»Die Arbeit ist grad streng. Du magst nimmer helfen?«

»Nein«, log er, weil er sich seiner Ohnmacht seinen Schwestern gegenüber schämte. »Die Arbeit auf dem Friedhof musste ja auch getan sein. Wer weiß denn, wie lange ich noch daheim bin!«

»Du willst also wirklich fort?« Wie ein Angstschrei hörte sich diese Frage an.

»Morgen wird es sich entscheiden. Jetzt bin ich ja nur Gast im Scheibenhof.«

»Und wenn du Herr vom Scheibenhof wirst?«

Er schüttelte den Kopf. »Wenn mein Vater an mich gedacht hat, dann hat er auch meine Schwestern nicht vergessen können, denn die waren es ja, die den Hof in den letzten Jahren erhalten und bewirtschaftet haben. Was soll dann aus ihnen werden? Ich hab mein Brot draußen in der Welt!«

»Heinrich!«

»Was hast du?«

Sie antwortete nicht.

Da nahm er ihre Hand, als wollte er sie führen. »So sind wir früher oft durchs Tal gegangen, als Kinder, und auch später noch. Es war doch eine schöne Zeit, vielleicht schöner als die heutige, wenn sie auch nicht so bewegt, so groß und unruhig war. Glaube mir, ich habe zuerst viel an den Schwarztann gedacht, und auch an dich, weil es mir lang nicht gelungen ist, einen Menschen zu finden, mit dem ich mich so gut verstanden hätte wie mit dir! Im ersten Herbst habe ich nicht heimkehren können, weil mir das Geld dazu gefehlt hat, denn die Schulen dort sind teuer. Im zweiten Herbst mangelte es mir an Zeit, weil ich damals gerade einen Wettbewerb mitgemacht habe. Und im dritten Herbst wollte ich nicht mehr heim, weil –« Er brach ab und schaute geistesabwesend geradeaus, als hätte ihn die Erinnerung gepackt.

Sie blickte nach einer Weile zu ihm auf: »Weil du vergessen hast, dass du ein Sohn des Schwarztanns bist!«, vollendete sie seinen angefangenen Satz.

Da blieb er mit einem Ruck stehen. »Nein!«, rief er so laut, als müsste er sich einer Anklage erwehren. »Ich habe viel Geld verdient, habe mir eine eigene Werkstätte geschaffen und wollte nicht einfach weglaufen.«

Sie gingen weiter.

Als auf der rechten Höhe der Scheibenhof sichtbar wurde, wandten beide ihre Blicke dorthin.

»Weißt du, wie man den Scheibenhof heute nennt?«, fragte er. »Weiberhof!«, setzte er mit gefurchter Stirn hinzu.

»Ja, so sind die Leute eben. Und was ist daran schon schlimm. Die beiden Frauen machen es doch gut, oder? Und außerdem: Das würde sich bald ändern, wenn du ihn hättest!«, antwortete sie.

»Und meine Schwestern?«

Sie zuckte die Schultern. »Dein Vater wird schon die richtige Lösung gefunden haben.«

»Wir hoffen es!«

»Alle möchten, dass du jetzt daheim bleibst!«

»Alle?«, fragte er zweifelnd. »Ich kenne ein paar Menschen, die sehr darauf warten, dass der Heinrich wieder fortgeht.«

Sie wusste, wen er meinte, und wurde verlegen. So gab sie ihm keine Antwort darauf.

Er bog nicht, wie sie erwartet hatte, in den Weg ein, der zum Scheibenhof hinaufführte, sondern blieb an ihrer Seite. Das freute sie, denn sie hoffte, dass er doch einmal mehr aus sich herausging. Jedes Mal, sooft sie zusammenkamen, hatte sie das Gefühl, als ob er ihr etwas sagen wollte, was kein Mensch sonst hören sollte. Und jetzt waren sie ganz allein.

Er ging lange schweigend neben ihr her, den Blick nachdenklich auf den Boden gerichtet, die Stirn hochgezogen. »Barbara«, begann er dann sehr leise, »du bist eine Schwarztannlerin, eine Eingeborene sozusagen –« Er brach ab und suchte anscheinend nach Worten für seine Gedanken.

Ihr Herz klopfte fast hörbar vor Erwartung. »Und du?«, fragte sie, als er längere Zeit schwieg.

»Ich auch, ich bin ein Schwarztannler, richtig. Wenigstens bin ich hier geboren. Ich kenne den Schwarztann so, wie ich ihn erlebte. Es gibt aber Dinge, die mir fremd geblieben sind, weil ich damit nie etwas zu tun hatte. Nehmen wir an, es würde einer die Gesetze des Schwarztanns brechen – oder es hätte einer die Pflicht vergessen, die er der Heimat schuldig ist – oder, wie es einmal vorkommen könnte, es nähme einer ohne Einwilligung des Vaters eine Frau ... Was würde daraus werden? – Wie ist der Schwarztann im Verzeihen?«

Das waren freilich ganz andere Fragen, als sie erwartet hatte. Daher starrte sie ihm lange fassungslos ins Gesicht, als zweifle sie an seinem gesunden Menschenverstand. »Das – das weiß ich nicht«, brachte sie nach einer Weile hervor.

»Was würdest du tun?«

»Ich – das weiß ich nicht – lassen wir das, Heinrich! Wie kommst du bloß darauf?«

»Wenn man tagelang einsam auf dem Friedhof arbeitet, da kommt einem manches in den Sinn. Die Liebe treibt eben überall ihr Wesen, auch im Schwarztann. Und – weißt du das, Barbara? – Ein Schulmeister ist auch dabei.«

Sie wurde über und über rot.

Er merkte das und lächelte. »Wir sind eben junge Menschen, Barbara, und wo wir das Glück finden, dort nehmen wir es, auch wenn uns die Alten darum verurteilen.«

Sie waren inzwischen in der Nähe des Wirtshauses angekommen. Er blieb stehen und reichte ihr die Hand. »Wenn du an den Heinrich denkst, dann denk nimmer an den von früher, sondern an den von jetzt. Er ist gewiss nicht schlechter als der frühere, aber älter ist er, und fünf Jahre war er draußen in der großen Welt. Grüß deinen Vater, Barbara, und schlaf gut!«

Dann kehrte er um und wanderte schnell dem Scheibenhof zu.

4

Als Heinrich Schrund am Sonntagmorgen in die Stube trat, fand er seine Schwestern schon fertig gerüstet zum Kirchgang. Auf ihren Gesichtern lag eine große Feierlichkeit. Es herrschte eine bedrückende Atmosphäre im Haus: Man sprach mit leiser Stimme, vermied jeden unnötigen Laut und begegnete sich voll Ernst, als ob ein Toter im Haus läge, der in wenigen Stunden auf den Friedhof gebracht würde. In der Tat mochte es den Schwestern heute wieder zumute sein wie damals, als man den alten Scheibenhofer zu Grabe getragen hatte, denn heute waren sie zum Schultheiß geladen, wo der tote Vater durch sein geschriebenes Wort das letzte Mal zu den Kindern sprechen sollte.

Heinrich setzte sich an den Tisch, wo schon die Suppe für ihn bereitstand. Gertrud saß an dem altertümlichen Schreibtisch, um ihre sonntägliche Korrespondenz zu erledigen, wozu am Werktag die Zeit mangelte, und Hilde kramte in der Kommode herum.

Gertrud unterbrach ihre Arbeit und wandte sich nach Heinrich um. »Wie weit bist jetzt mit dem Stein?«

»Fertig.«

»Hast du Auslagen?«

»Nicht der Rede wert.«

»Die tragen wir natürlich miteinander!«

Heinrich lehnte mit einer Handbewegung das Anerbieten ab.

»Hast du den Schultheiß getroffen?«, fragte seine Schwester.

»Ja, vor ein paar Tagen.«

»Was spricht er?«

»Was soll er sprechen?«

»Vom Vater. Sie sind ja noch ein paar Tage vor seinem Tod beinander gewesen.«

Heinrich zuckte die Schultern. »Das Testament ist geblieben, wie der Vater es schon vor fünf Jahren geschrieben hat.«

Da wandte sie sich wieder ihrer Arbeit zu. Aber es war ihm nicht entgangen, wie sie sich auf die Lippen biss. Nach einer Weile stand sie auf. »Es wird Zeit! – Gehst du in die Kirche?«, fragte sie.

»Ich komm nach, wenn die Leute sich etwas verlaufen haben.«

Sie war damit einverstanden. »Komm«, sagte sie zu Hilde, und die beiden Frauen verließen das Haus.

Er schaute ihnen durchs Fenster nach, während sie mit großen Schritten, wie es den an weite Fußwege gewöhnten Leuten zu Eigen ist, dem Tal zugingen. Er überlegte, wie es wohl sein würde, wenn sie sich nachher wieder im Scheibenhof trafen. Dann war die Entscheidung gefallen. Wie sah es dann aus?

Nach einer Weile verließ auch er das Haus, schloss die Tür ab und legte den Schlüssel durch das kleine Seitenfensterchen in das Versteck, wie er es von früher her noch gewohnt war. Dann wanderte er langsam und gedankenvoll dem Tal zu.

Dumpf erklangen drunten die Kirchenglocken, und über dem Land lag friedliche, feiertägliche Stille.

Keinen Menschen traf er mehr, auch der Friedhof war schon leer. Aus der Kirche kamen Orgelklänge und Gesang. Der Gottesdienst hatte bereits begonnen. Ganz leise trat er ein, konnte aber das Knarren der Tür nicht verhindern. Einige Köpfe wandten sich nach ihm um, doch er achtete nicht darauf, sondern blieb gleich an der Tür stehen und schaute zum Altar vor, wo der alte Pfarrer amtierte. Es kam ihm nicht in den Sinn, bis zur Bank der Scheibenhofer vorzugehen, obwohl dort noch gut Platz für ihn gewesen wäre. Er sah, wie Gertrud sich einmal nach ihm umschaute und weiter in die Bank hinunterrückte, als wollte sie ihm Platz machen. Aber er rührte sich nicht vom Fleck, denn erstens wollte er die Zeremonie des Gottesdienstes nicht stören und außerdem wollte er die Doppelmoral seiner Schwester nicht unterstützen. Schließlich behandelte sie ihn daheim schon nicht wie ein Familienmitglied, sondern wie jeden Sommergast. Warum wollte sie nun hier in der Öffentlichkeit so tun, als wäre er daheim willkommen? So blieb er hinten stehen, allein, wie ein Fremder, den der Zufall in diese Kirche geführt hatte.

Vor den Reihen der Männer, in einem hohen und mit Schnitzereien verzierten Gestühl, befanden sich die Freien vom Freital, und in der Mitte, erhöht über allen anderen, kniete der Schultheiß. Neben ihm war ein Platz leer: Das war einmal der Platz seines Vaters gewesen. Er war aus der Reihe herausgestorben, und einen Ersatzmann hatte man nicht gefunden, weil sein einziger Sohn dem Schwarztann den Rücken zugekehrt hatte.

Dann folgte Konrad Immler, der Wirt »Zur Rabenfluh«, und neben ihm kniete der junge Ambros Helmbrecht, der vor etlichen Jahren seinem Vater im Erbe gefolgt war und als jüngstes Mitglied im Rat der Freien vom Freital saß. Sonst waren es noch die gleichen Köpfe wie vor fünf Jahren, nur waren einige von ihnen inzwischen grau geworden. Er kannte jeden Einzelnen, nicht nur dem Namen nach, sondern auch in seinem Wesen, weil er durch seinen Vater oft mit ihnen zusammengekommen war.

So reihte sich bald eine Erinnerung an die andere. Er stand jetzt mitten im Leben des Schwarztanns, und so kurz wollte ihn mit einem Mal die Zeit dünken, die er von der Heimat abwesend gewesen war. Was waren fünf Jahre? Konnte man in dieser Zeit der Heimat fremd werden? Nein! Denn die Gebräuche in der Kirche, das ganze Tun und Treiben am Sonntag, die Sitten im Wandel und Handel, die Mundart, die Tracht, alles, alles war ihm so vertraut, dass er es so selbstverständlich hinnahm, als könnte es gar nicht anders sein. Sicherlich wäre es ihm aufgefallen, wenn sich nur eine Kleinigkeit an dem geändert hätte. Und doch fehlte ihm zu allem die Wärme, das Herz, weil eine innere Stimme ihm immer wieder zuflüsterte: ›Da warst du einmal, jetzt gehörst du nicht mehr her!‹

Sein Blick streifte immer wieder die unbewegliche Gestalt des Schultheiß. Jedes Mal gab es seinem Herzen einen Stich, denn immer näher rückte der Augenblick der Entscheidung über das Schicksal der

Scheibenhofer heran. Sicher erging es den beiden Frauen dort vorn auch nicht anders, denn wer konnte schon mit Bestimmtheit sagen, was der Vater gewollt und gedacht hatte, als er das Testament niederschrieb? Auch Gertrud vermochte es nicht, obwohl sie in den letzten Jahren den Haushalt geführt hatte.

Als der Gottesdienst seinem Ende zuging, verließ Heinrich wieder sehr leise die Kirche und wartete am Grabe des Vaters auf seine Schwestern. Er betrachtete währenddessen prüfend den Stein: Wie gut er doch an diesen Ort passte! Er musste sich nun selbst wundern, dass es ihm gelungen war, den groben Stein auf diese Weise zu bearbeiten. Ja, in diesem Moment war er nicht der Bildhauer von Chur, sondern der Steinmetz vom Freital! Es mussten also zwei Naturen in ihm leben, wie wäre es sonst möglich gewesen, ein solch schönes Werk zu schaffen? Was würden die in Chur wohl zu seiner Arbeit sagen? Vielleicht mochten sie die Köpfe schütteln und nachsichtig lächeln. ›Ja, ich bin eben im Schwarztann geboren! Geht hin und schaut euch dieses Tal an, das Sonnengold auf den Bergspitzen, wandert hinein in den schweigenden Tanngrund! Sucht die Menschen auf in ihren Hütten!‹ Ja, das war es: Er war ein Sohn des Schwarztanns! ›Gott und mein Vater mögen es mir verzeihen, dass ich das einmal vergessen konnte!‹

Seine Gedanken wurden ruhiger, denn Kirchenbesucher kamen an ihm vorbei. Viele blieben stehen, besprengten das Grab mit Weihwasser und betrachteten dabei wohl auch neugierig den neuen Stein.

Heinrich schaute nicht auf, und niemand wagte es, ihn anzusprechen.

Dann standen seine Schwestern neben ihm. Sie warteten, bis die Leute sich etwas verlaufen hatten.

»Komm jetzt!«, sagte Gertrud schließlich.

Er schaute auf. Weit und breit war niemand mehr zu sehen.

»Was hast du?«, fragte Gertrud rasch.

»Ich? Warum?«

»Du bist arg blass! Ist dir nicht gut?«

Auch Hilde musterte ihn jetzt genauer.

Er schüttelte den Kopf. »Gehen wir!«

Sie gingen schweigend nebeneinander zur Amtsstube des Schultheißen, wo Johannes Aigner sie schon erwartete.

Hinter ihm aber erhob sich noch einer, der sofort auf Heinrich zukam: der Schulmeister.

Heinrich erwiderte den Händedruck heute sehr dankbar, als ob er eine menschliche Anteilnahme suchen würde.

Dann nahm Michael Frühauf wieder am Tisch Platz und tauchte die Feder ins Tintenfass. Als die drei Geschwister sich auf die bereitstehenden Stühle gesetzt hatten, gab Johannes Aigner dem Schulmeister ein Zeichen und begann: »Es erscheinen Gertrud und Hilde Schrund, die beiden Töchter aus erster Ehe, und Heinrich Schrund, der Sohn aus zweiter Ehe des verstorbenen Friedrich Schrund, des Scheibenhofers, vor dem Schultheiß des Freitals, der im besonderen Auftrag des Verstorbenen die Siegel des Testaments erbricht und den letzten Willen zur Verlesung bringt.«

Hier machte der Schultheiß eine lange Pause. Totenstille herrschte in der Stube, nur die Feder des Schulmeisters kratzte über das Papier, bis diese Worte niedergeschrieben waren. Dann legte der Schreiber die Feder aus der Hand und verließ die Stube, denn was jetzt folgte, war nicht für fremde Ohren bestimmt.

Gleich darauf erbrach der Schultheiß geräuschvoll die Siegel, warf noch einen langen feierlichen Blick auf die Geschwister und begann dann mit halblauter Stimme vorzulesen:

»Meine lieben Kinder, der Herrgott segne euch und schenke euch und meiner armen Seele Frieden! Vernehmt also den letzten Willen eures Vaters, den er euch zum Gebot macht. Ich habe mich leiten lassen nur vom Recht des Freitals, das mir Zeit meines Lebens heilig war, und von meinem eigenen Gewissen, das mich an den Richterstuhl Gottes gemahnt hat.

Mein lieber Sohn, ich erinnere dich vor allem an den Schwur, den du vor dem Schultheiß geleistet hast, ehe du in die Fremde gezogen bist. Schwüre sind dem Schwarztannler heilig! Ich glaube nicht, dass du den Schwur vergessen hast, denn ein Schwarztannler tut das nicht. Aber du bist jung und könntest es über dem Glück und dem Wohlstand in der Welt draußen einmal kurze Zeit vergessen haben. Das war allzeit mein größter Kummer, und deshalb habe ich dich auf das Testament schwören lassen. Bevor ich also meinen letzten Willen offenbare, wiederhole ich mit dir noch einmal den Schwur, damit du nie in Versuchung kommst, wenn dieser

Wille dir zu hart erscheinen will: Ich schwöre bei Gott dem Allmächtigen, dass der letzte Wille meines Vaters mir heilig sein wird, und dass ich ihm, soweit der Schultheiß ihn für recht und billig erklärt, unbedingten Gehorsam leiste. Amen.«

Den Schwur hatte der Schultheiß sehr langsam und mit erhobener Stimme verlesen. Dann machte er noch einmal eine Pause, während er prüfend Heinrich ansah, der mit bleichem Gesicht dasaß, den Blick ins Leere gerichtet.

»Jetzt, meine lieben Kinder, hört, was ich euch zu sagen habe: Ich hinterlasse euch das, was ich einmal selbst von meinem Vater als Erbe übernommen habe. Es ist ein altes Recht des Schwarztanns, dass der Sohn ins Erbe des Vaters tritt, es ist aber auch für den Sohn Gesetz. Das Geschlecht der Scheibenhofer reicht fünfhundert Jahre zurück, als dazumal etliche Bauern an die Rodung des wilden Freitals gingen, war auch ein Schrund dabei. Und seit dieser Zeit war der Scheibenhof der Sitz unseres Geschlechts. Und so möge es bleiben: Ich habe dem Himmel auf Knien gedankt, als er mir in meiner zweiten Ehe einen Sohn geschenkt hat, denn jetzt hatte der Name und das Geschlecht der Scheibenhofer eine neue Wurzel geschlagen und ich konnte ruhigen Mutes dem Ende meiner Tage entgegensehen. Heinrich Schrund, ich bestimme dich also Kraft des Rechtes und des Gesetzes des Schwarztanns zu meinem Nachfolger und zum Herrn des Scheibenhofes. Achte und bewahre ihn als das heilige Erbgut deiner Ahnen! Handle und wandle, wie es einem freien Herrenbauern gebührt, damit du mir auch auf den

Stuhl der Freien vom Freital nachfolgen kannst! Ehre die Alten und suche ihrem Beispiel zu folgen! Dein Leben und deine Kraft gehören fortan der Heimat. Und wenn die Zeit kommt, wo du unter den Töchtern dieser Gegend ein Weib suchst, dann hol dir dazu den Rat des Schultheiß! Nimm dich allzeit deiner Schwestern an und vergiss nie, dass sie den Scheibenhof durch ihren Fleiß für dich erhalten haben! Sorge für sie! Und sollten sie darauf verzichten, einen Mann zu nehmen, dann behalte sie solange auf dem Hof, bis der Herd einmal zu klein wird. Wenn das sein wird, wirst du Sorge tragen, dass sie anderweitig einem geruhsamen Alter entgegensehen können!

Und ihr, meine Töchter, achtet euren Bruder als den Herrn vom Scheibenhof und als Träger eures Namens und Geschlechtes! Unterstützt ihn in der Arbeit und in der Sorge um den Hof. Lebt miteinander in Eintracht und Frieden, bis wir uns im Himmel wiedersehen. Gott segne euch und mache euch glücklich und zufrieden! Betet für meine arme Seele! Euer Vater.«

Der Schultheiß faltete das Schriftstück zusammen. Sonst rührte sich nichts in der Stube. Reglos saßen die Geschwister da, nur über die bleichen Gesichter ging ein Zucken.

Dann richtete sich Johannes Aigner auf und wandte den Geschwistern das Gesicht zu, das selbst eine große innerliche Erregung verriet: »Als Schultheiß des Schwarztanns erkläre ich den letzten Willen eures Vaters für recht und billig und fordere von euch den schuldigen Gehorsam. Dich, Heinrich

Schrund, grüß ich als Scheibenhofer und als Freien vom Freital!« Damit streckte er dem jungen Mann die Hand hin.

Heinrich stand auf, griff nach der Hand des Schultheiß und folgte ihm dann mechanisch an den Tisch, wo er seinen Namen unter das Schriftstück setzte. Als er zurücktrat, streifte sein Blick die Schwestern, die immer noch reglos auf ihren Stühlen hockten und starr vor sich auf den Boden blickten. Einen Augenblick überlegte er, ob es wohl schicklich wäre, jetzt vor sie hinzutreten und ein brüderliches Wort zu ihnen zu sagen. Da hob Gertrud den Kopf, und aus ihren Augen traf ihn ein Blick voll trotziger Empörung, sodass er seinen Vorsatz sofort wieder fallen ließ.

Dann winkte der Schultheiß auch die beiden Frauen zu sich an den Tisch, wo auch sie das Testament unterschreiben mussten.

An der Tür trat der Schultheiß ihnen noch einmal entgegen: »Ich schließe mich dem Wunsch eures toten Vaters an. Lebt miteinander in Frieden und vertragt euch! Wir gehen bösen Zeiten entgegen und es ist nötig, dass wir zusammenhalten.« Darauf reichte er jedem die Hand und entließ sie dann ebenso feierlich, wie er sie empfangen hatte.

Ein Stück weit gingen die Geschwister nebeneinander her durch das sonntägliche, stille Dorf. Keiner sprach ein Wort, und gerade in diesem hartnäckigen Schweigen zeigte sich die Erregung ihrer Gemüter. Jeder suchte zu verbergen, wie es in Wahrheit um sein Inneres beschaffen war, denn zu einer Lüge waren sie alle zu ehrlich.

Auf die Dauer konnte Heinrich dies nicht ertragen. Er blieb plötzlich stehen. »Ich geh noch einmal auf den Friedhof«, sagte er dumpf.

Die Schwestern nickten, ohne aufzuschauen, und zogen ihren Weg weiter.

Heinrich wusste eigentlich nicht, was er auf dem Gottesacker noch zu tun gehabt hätte. Er wollte sich nur befreien von dem Druck, der auf seiner Seele lastete, loslösen aus der Gesellschaft seiner Stiefschwestern, die in ihrem verbissenen Schweigen wie zwei Gerichtete neben ihm hergegangen waren. Freilich war es nicht leicht für sie, zumal für Gertrud, die es gewohnt war, Haus und Hof zu führen, und der es schwer fiel, das Heft an den jüngeren Bruder abzugeben. Aber es war ja nicht seine Schuld, dass es so gekommen war. Er selbst litt unter dieser Entscheidung wohl am meisten, neue Schwierigkeiten türmten sich jetzt vor ihm auf. Alle Pläne waren mit einem Mal zerschlagen, seine Zukunft vernichtet, sein Glück erschüttert. Vor allem war sein Inneres so zerrissen: Zwei Schwüre lasteten auf seiner Brust, zwei Eide, die sich wie Degen kreuzten, denn die Einlösung des einen forderte den Bruch des anderen. Und Schwüre sind dem Schwarztannler heilig!

So stand er eine Weile vor dem Grab des Vaters und starrte auf den Hügel, als müsste sich die schwarze Decke heben, damit der Vater noch einmal seinem Grab entsteigen könnte. Aber der Mann, der allein noch das erlösende Wort hätte sprechen können, war für ewige Zeiten verstummt. »Ich bin im Schwarztann geboren, mein Vater ist ein Freier vom

Freital, und ich – ich bin sein einziger Sohn.« Furchtbar hörten sich diese Worte jetzt an, ganz anders als damals, als er sie das erste Mal ausgesprochen hatte, denn damals war ihm das lachende Glück zur Seite gestanden. Und heute war er allein, ganz einsam, und stand mitten im Schwarztann. Hatte der Vater denn nicht geahnt, dass sein Sohn nicht zurück wollte, nicht mehr zurückkonnte von der Welt draußen? Nein, denn sonst hätte er ja sein Testament erneuern müssen! Oder doch? Wollte er sich vielleicht gar an seinem Treubruch rächen? Ein Tor war er! Aber er hatte sich nur vor den dunklen Gesetzen des Schwarztanns gefürchtet, gebangt für sein Glück, vor dem Urteilsspruch der Freien vom Freital! Ja, das war es: Darum hatte er geschwiegen! Und jetzt war es zu spät.

Immer stärker stürmten die Gedanken auf ihn ein, aber keiner brachte eine Lösung, keiner einen Trost, es waren nur lauter Fragen ohne Antworten. Nein, auch das war nicht der rechte Ort, um genügend Ruhe zu finden, dass man einmal richtig überlegen konnte, was zu tun war.

Der Schultheiß? Sollte er ihm die Wahrheit sagen? Nein! Nie! Was wusste dieser Mann von einem jungen, liebenden Herzen? Auch bei dem gab es nur ein Glück, eine Ehre, ein Gebot und eine Pflicht: den Schwarztann. Fürs Erste musste er jetzt einmal heim und musste sich mit seinen Schwestern einigen, damit sie sich wenigstens untereinander vertrugen. Aber Gertrud würde umdenken müssen, denn bei all seiner Seelennot konnte er ihre angeborene Herrschsucht nicht mehr länger dulden.

»Du sollst deine Ruhe haben, alter Vater!«, sagte er halblaut und ging um die Kirche herum.

Hier stieß er mit dem Schulmeister zusammen, der vor ihm stehen blieb. »Wohin?«, fragte der Schulmeister.

»Zum Scheibenhof.«

»Heim?«

»Heim? Ja, heim, natürlich!«

»Ich weiß, Sie sind Scheibenhofer geworden. Darf ich Sie dazu beglückwünschen?«

»Danke.«

Der Lehrer ging mit ihm bis zur Straße hinab und begleitete ihn unaufgefordert noch ein Stück des Weges. »Und jetzt?«, fragte er.

Heinrich zuckte die Schultern. »Ich weiß es noch nicht, es kam zu überraschend.«

Michael Frühauf nickte vor sich hin und wurde sehr nachdenklich.

»Sie gehen in die ›Rabenfluh‹?«, fragte Heinrich, nur um etwas zu sagen.

»Nein.«

Heinrich schaute ihn von der Seite an. Er glaubte die Gedanken seines Begleiters erraten zu haben und ging gerade darauf los: »Aber warum denn nicht?«

»Weil dieser Tag heute auch für mich eine Entscheidung gebracht hat. Was hab ich jetzt in der ›Rabenfluh‹ noch zu suchen? Es hat keinen Zweck!«

»Aber, Mann! Sie wissen ja nicht –«

Der Schulmeister legte ihm rasch die Hand auf den Arm. »Pst!«, unterbrach er ihn ermahnend. »Ich weiß schon, was Sie sagen wollen. Sprechen Sie es nicht aus. Man bereut so etwas später!«

Sie blieben stehen und schauten sich fest an.

»Sie sind jetzt Scheibenhofer«, fuhr der Schulmeister fort. »Die Welt ist für Sie jetzt tot!«

»Nicht ganz!«

»Was noch lebt, wird und muss sterben!«

»Nie! So etwas stirbt nicht!«

»Warten wir ruhig ab. Aber was auch kommen mag, wir beide wollen zusammenhalten! Hie gut Schwarztann allweg!«

Sie drückten sich die Hände. Dabei zeigte Michael Frühauf ein freies, ehrliches Gesicht, lächelte dem anderen sogar freundlich zu und ging dann rasch den Weg zurück.

Bevor Heinrich zum Scheibenhof abbog, tauchte hinter einer Hecke plötzlich der Klausen-Jörg vor ihm auf. Das Gesicht des Burschen zeigte gespannte Erwartung, in den Augen flackerte ein unsicheres, unheimliches Feuer. »Was ist dann jetzt?«, fragte er ohne Umschweife.

»Was willst du?«, herrschte Heinrich ihn an, denn die Art und Weise, wie der Bursche ihm entgegentrat, ging ihm auf die Nerven.

»Du bleibst im Schwarztann?«

»Ich bleibe.«

»Wie lange?«

»Solang ich muss! Als Scheibenhofer werde ich wohl im Scheibenhof bleiben müssen.«

»Du bist –« Der Bursche sah ihn nun offen feindselig und misstrauisch an. »Und die Barbara?«

»Das geht dich wohl nichts an!«

Da ging ein auffälliges Zittern durch den Körper des jungen Bauern.

Mitleid regte sich in Heinrich: »Lass doch, Jörg! Wenn sie dich nicht will, dann ist doch alles sinnlos! Tu nimmer so viel trinken!«

»Weißt du, dass sie mich nicht will?«

Heinrich konnte ihm keine Antwort geben, denn in diesem Augenblick sprengten vom Klimmsteig herab in vollem Galopp zwei Reiter, die bald an ihnen vorbei dem Taldorf zujagten: Die beiden Söhne des Schultheißen. Heinrich schaute ihnen sinnend nach. Er wusste, dass sie auf Kundschaft ausgeritten waren. Was brachten sie?

Da streifte sein Blick wieder den Jörg, der immer noch dastand, als trotze er dem Schicksal. Er legte ihm die Hand begütigend auf die Schulter: »Geh jetzt heim, Jörg, und sei ein Mann!«, ermahnte er ihn und setzt dann seinen Weg hinauf zum Scheibenhof fort.

Der Klausen-Jörg blieb noch unschlüssig stehen. Sein Blick wanderte unablässig zwischen dem Scheibenhof und der »Rabenfluh« hin und her, als müsste er die Entfernung der beiden Einöden abschätzen. Seine Hände ballten sich dabei zusammen und man sah ihm, der jetzt den beiden Reitern hinterherblickte, an, dass er Rache im Sinn hatte ...

Als Heinrich zu Hause ankam, ging er nicht gleich in die Stube, sondern schlich sich über die Treppe hinauf in seine Kammer, wo er sich lange Zeit an das geöffnete Fenster lehnte und die Berge betrachtete. Es schien, als wollte er sich vor den anderen im Haus verbergen. Er wusste, dass jetzt etwas geschehen musste, und doch scheute er sich, die Dinge dort anzufassen, wo sie zunächst gepackt werden mussten: Es war notwendig, mit seinen Schwestern eine Aussprache herbeizuführen, damit man sich einmal klar wurde, was zunächst gemacht werden sollte. Sie waren ja alle drei jetzt aufeinander angewiesen, sie mussten sich vertragen. Er würde ihnen sagen müssen, dass er von Zeit zu Zeit auf längere Dauer in der Welt draußen sein würde. Warum? Weil er einfach musste! Und solange er fort war, sollten sie den Scheibenhof bewirtschaften, wie sie es bis heute schon getan hatten. Überhaupt würde sich wenig ändern, nur die letzte Entscheidung für so manche Dinge mussten sie an ihn abgeben. Wenn er daheim weilte, war er Scheibenhofer, sonst würde er der Bildhauer bleiben. Ja, das war die einzige Lösung, mit der man etwas anfangen konnte.

Entschlossen verließ er die Kammer und stieg die Treppe hinunter. Im Gang stieß er auf Hilde, die eben eine Decke über den Tisch warf und die Löffel aus der Schublade kramte. Es war Essenszeit.

»Wo ist die Gertrud?«, fragte er sie.

»In der Stube.«

»Kommst du dann bitte auch herein? Es gibt noch einiges zu besprechen.«

»Wir haben grad das Essen gerichtet.«

Eben kam der Knecht vom Stall herüber.

Heinrich begab sich in die Stube.

Gertrud war am Schreibtisch beschäftigt und schaute sich kaum nach ihm um.

Der Knecht und Hilde sprachen draußen das Tischgebet. Heinrich blieb solange stehen und wartete. Dann trat er näher an Gertrud heran und blickte ihr über die Schulter. »Was machst du da?«

»Ich habe alles hergerichtet, es darf nichts fehlen. Lass uns erst essen!«, sagte sie, stand rasch auf und ging ihm voran in den Gang hinaus.

Heinrich war ihr verwundert gefolgt, denn die Ruhe, mit der sie ihm begegnete, überraschte ihn. Er hatte Widerstand erwartet.

Auch für ihn war heute das erste Mal, seit er wieder daheim war, am allgemeinen Tisch gedeckt, und erstmals durfte er am gemeinsamen Essen teilnehmen. Dass sie die Dinge so selbstverständlich hinnahmen und vor allem die unerschütterliche Ruhe der Schwestern machten ihn misstrauisch. Das konnte doch nicht ehrlich gemeint sein! Unmöglich! Da hätte ja ein Wunder geschehen sein müssen. Heimlich schaute er von Gesicht zu Gesicht. Wortkarg und mit niedergeschlagenen Augen wurde die Suppe gelöffelt.

Dann legte Gertrud das Besteck beiseite, räusperte sich auffällig und wandte sich an den Knecht: »Jochen, da sitzt der Scheibenhofer«, sagte sie und deutete auf Heinrich. »Das ist also jetzt der Herr, an den du dich halten musst ...!«

Heinrich geriet in Verlegenheit. Er wusste wahrlich nicht, was er darauf hätte sagen sollen.

»Es stimmt schon!«, bekräftigte Gertrud, als der Knecht sie verwundert anstarrte. Dann rückte der Mann einige Male unbeholfen auf seinem Stuhl hin und her.

Heinrich schwieg.

Sie waren schon lange mit dem Essen fertig, und doch blieben noch alle sitzen, als müssten sie auf ein Zeichen warten, um sich erheben zu können.

»Nun!«, ließ sich endlich Gertrud hören und richtete einen ungeduldigen Blick auf Heinrich.

Da dachte er daran, dass es an ihm lag, zuerst aufzustehen und anzufangen mit Beten. Aber es erschien ihm so unmöglich, dass er abermals in einige Verlegenheit geriet.

»Ich?«, fragte er dann.

»Wer denn sonst?«, erwiderte Gertrud, und diesmal kam ihm ihre Antwort recht höhnisch vor.

Er riss sich zusammen. Auf seinem Gesicht zeigte sich plötzlich ein ganz neuer Zug: Eine Strenge, die man bis heute nicht an ihm gesehen hatte. »Im Namen des Vaters und des Sohnes ...« Er schlug das Kreuz und stand entschlossen vom Tisch auf.

Sofort polterten die Stühle: Alle vier standen da, der Ecke zugewandt, wo ein kleines Kruzifix hing, und sprachen das Tischgebet. So war der junge Scheibenhofer jetzt in die Würde des Bauern und Herrn eingeführt.

Danach ging der Knecht wieder in den Stall hinüber. Die Frauen räumten den Tisch ab. Heinrich stand da und schaute ihnen eine Weile zu. »Ihr kommt jetzt in die Stube mit, damit wir einmal ehrlich miteinander reden können!«, sagte er dann, und der Ton seiner Stimme litt keinen Widerspruch.

Gertrud führte ihn an den Schreibtisch und übergab ihm all die Unterlagen, die sie hier verwahrte: Aufstellungen über Milchlieferungen an die Sennerei und über Käse- und Butterbezüge, einen Vertrag über eine Jagdpacht und einen über den gemeindlichen Nutzholzanteil, offene Rechnungen von Handwerkern, die zum Ende des Jahres immer beglichen wurden, einzelne Gutschriften von der Schneidsäge, eine Aufzeichnung der Trächtigkeiten der einzelnen Tiere im Stall ... Ein Stück nach dem anderen legte sie vor ihn hin, jedes mit knappen Worten erklärend und erläuternd.

Heinrich musste sich wundern über die Ordnung, die Gertrud in diesen Dingen bewies, aber sie ließ ihn auch erkennen, wie fremd er all dem geworden war. Er kam sich vor wie ein Lehrbub, dem der Meister die ersten Handgriffe zeigt. Schließlich gab er ihr die Sachen zurück: »Leg alles wieder dorthin zurück, wo es war. Überhaupt wird sich wenig ändern im Haus. Ich hab kein Recht, dir zu befehlen, dass du die Bücher weiterführen sollst wie bisher, doch wenn du es freiwillig tätest, wäre ich dir sehr dankbar, denn ich müsste mich ja erst mühsam einarbeiten.«

Nachdem sie am Tisch Platz genommen hatten, schöpfte der junge Bauer schwer Atem und kam dann auf das Testament zu sprechen: »Ihr dürft nicht glauben, dass ich leichteren Herzens vom Schultheiß weggegangen bin als ihr beide, denn ich habe meine Werkstätte und meine Arbeit in Chur! Aber nun ist es einmal so und wir müssen halt – in Gottes Namen! – das Testament so nehmen, wie es ist. Ich rechne damit, dass ihr mir allezeit zur Seite steht und dass ihr den Scheibenhof weiterhin als eure Heimat betrachtet. Von Zeit zu Zeit werde ich einige Wochen in der Welt draußen sein müssen. Dann wüsste ich den Scheibenhof gern in guten Händen. Ihr sollt mich also nicht als Herrn, sondern als Bruder betrachten, und der Scheibenhof ist unsere gemeinsame Heimat. So hat es der Vater gemeint. Es ist ein altes Recht und Gesetz des Schwarztanns, dass der Hof, zumal eines Freien, in Männerhand liegt. Ich glaube, auf diese Weise können wir einmal beginnen, und sollte sich im Laufe der Zeit etwas ändern, dann vermögen wir uns bestimmt immer wieder gütlich zu einigen.«

Die Frauen hatten ihm schweigend zugehört, meist mit niedergeschlagenen Augen. Nur ab und zu hatten sie den Blick zu ihm erhoben, wenn er gerade etwas sagte, was gegen ihre Erwartung war.

Eine Weile herrschte eine bedrückende Stille in der Stube, bis dann Gertrud das Wort ergriff: Sie und Hilde hätten sich schon auf dem Heimweg darüber beraten, und es hinge alles zunächst davon ab, wie lange es noch dauern würde, bis er eine Ehefrau ins Haus führe.

Heinrich lachte bitter auf: »Eine Ehefrau!«

Gertrud schaute überrascht auf. »Nun ja, die da drüben« – sie deutete zur »Rabenfluh« hinüber – »wartet schon Jahr und Tag darauf. Und alt genug bist du doch auch.«

Heinrich wollte diese Angelegenheit mit einer schroffen Handbewegung abtun. »Darüber brauchen wir heute noch nicht zu beraten!«

»Doch!«, beharrte Gertrud: Gar so lange könnte das nimmer dauern, und deshalb wäre es ihnen schon lieber, wenn er bald ein Stück Land abtrete und ein Haus bauen ließe. Es genüge ihnen, wenn sie nur zwei bis drei Kühe halten könnten, denn über den Sommer würden sie auch im Forst beim Pflanzenstecken genug verdienen.

»Und wer soll die Arbeit auf dem Hof tun?«, fuhr Heinrich auf.

»Du und deine Frau, ein Knecht: Leut gibt's grad genug!«

»Ihr wollt also nicht bei mir bleiben?«

»Nein.«

»Und warum nicht?«

Sie gaben keine Antwort.

Er schaute von Gesicht zu Gesicht. Dann stand er rasch auf. Er blickte unzufrieden drein. »Wenn ihr es nicht anders wollt, dann sollt ihr's so haben: Scheibenhofer bin ich! Ein Grund wird vorderhand nicht abgetreten. Ihr bleibt hier und helft mir bei der Arbeit. So hat's der Vater gewollt, und so will es auch ich! Es kommt keine Frau ins Haus, weil's – weil's einfach nicht geht! Es bleibt alles so, wie es ist!«

Damit hatte die erste Unterredung ihr Ende. Die Frauen mochten eingesehen haben, dass sie bei seiner heutigen Reizbarkeit nicht zu weit gehen durften. Denn jetzt war er im Recht, man musste also einen Zeitpunkt abwarten, wo die Dinge umgekehrt lagen.

Gertrud gab ihrer Schwester einen Wink, und beide Frauen verließen die Stube.

Heinrich stand noch eine Weile nachdenklich da. Er sah ein, dass es vorbei war mit dem Frieden, den er sich so sehnlichst gewünscht hatte, weil es von Anfang an am guten Willen dieser beiden Frauen gescheitert war. Das ärgerte ihn so, dass er am liebsten gleich wieder aus dem Haus gegangen wäre. Aber er musste jetzt ja selbst allem nachgehen, weil die

Schwestern mit der Verantwortung auch die ganze Anteilnahme am Geschick des Scheibenhofes abgelegt hatten.

Er räumte die Papiere zusammen, schloss sie ein und nahm den Schlüssel zu sich. Dann ging er in seine Kammer, zog sich um und machte den ersten Gang als Bauer durch Stall und Scheune.

5

An den Sonntagen war es im Wirtshaus »Zur Rabenfluh« gewöhnlich immer recht lebhaft zugegangen, denn schon früh am Nachmittag kamen die Bewohner der umliegenden Almen zusammen, tranken ihr Bier, spielten Karten, stritten und kehrten oft erst am späten Abend in ihre Hütten heim.

An diesem Sonntag nun war es außergewöhnlich ruhig, keine Gäste wollten sich zeigen. Missmutig stand Konrad Immler am Fenster der Wirtsstube und schaute auf die verlassenen Wege.

Am Morgen waren alle ins Tal gegangen, hatten der Messe beigewohnt und dann Besuche bei den Bewohnern des Taldorfes abgestattet, in deren Mitte der Schultheiß lebte. Auch von ihnen hatten mehrere die beiden Reiter in wildem Galopp vom Klimmsteig herabsprengen sehen, die beiden Söhne des Schultheiß, und man ahnte, dass sie keine gute Botschaft brachten. Aber der Schultheiß schwieg, er war eben ein Mann mit eiserner Ruhe, wenn er sie für angebracht hielt, auch wenn sein Inneres vor Aufregung bebte. Das wusste man, und deshalb nahm man sein Schweigen fast noch ernster, darum kamen die Männer des Schwarztanns heute im Wirtshaus des Taldorfes zusammen in der Hoffnung, einige Neuigkeiten über den Stand der Dinge zu erfahren.

Da erschien plötzlich der Schultheiß selbst in der gedrängt vollen Wirtsstube. Jeder hatte ihn aufs Haus zukommen sehen mit hartem Gesicht, das nicht zu erkennen gab, was im Innern des Mannes vor sich ging. Aber heute schien es ihm doch nicht ganz zu gelingen, die ernste Sorgenfalte von der Stirn zu scheuchen, die sich vielleicht vor Stunden schon verräterisch dort eingegraben hatte. Es musste also etwas ganz Unerhörtes sein, was ihn bewegte und so überraschend in die Mitte seiner Bürger führte.

Kaum hatte er die Tür hinter sich geschlossen, herrschte atemlose Stille in der Stube, alle Köpfe wandten sich ihm zu. Er blieb aufrecht in der Mitte der Stube stehen und schaute über die Versammelten hin.

»Schwarztannler!«, begann er dann mit seiner tiefen Stimme so laut, dass die Wände hallten. »Wir haben jetzt Botschaft über die Marodeure, so manches Bergtal ist in letzter Zeit von ihnen heimgesucht worden, und sie dringen immer weiter vor! Ein Haufen hat jetzt das Hintersteinertal verlassen, und wenn er auf der Straße bleibt, kann er in ein paar Tagen am Klimmsteig sein. Der Herrgott möge es verhüten, dass sie bei uns einbrechen wollen! Und wir? Wir tun unsere Pflicht und Schuldigkeit! Jeder Tag ist jetzt kostbar! Somit biete ich den Landsturm des Schwarztanns auf! Jeder überprüfe seinen Stutzen und sei bereit!«

Nach dieser kurzen Rede wandte sich der Schultheiß wieder der Tür zu und verließ eilig die Stube, als wollte er damit zeigen, dass für ein Für und Wider keine Zeit mehr sei.

In wenigen Minuten war die Wirtsstube leer. Jeder eilte seinem Haus zu, um sich sogleich zu rüsten und bereit zu machen für die kommenden Sturmtage.

Zur selben Stunde eilte ein Mann über die Höhen und Tiefen des Freitals, trat bei diesem und jenem Hof ein, kam aber gleich wieder heraus, um dann alsbald eilig weiterzuwandern.

Es war der Gemeindediener des Schwarztanns, der die Freien vom Freital auf den Abend zu einer dringenden Sitzung beim Schultheiß zusammenrief. Er hatte weite Wege zurückzulegen, denn die Dorfhonoratioren verteilten sich auf die ganze Länge und Breite des Tales. Der Mann musste also seine ganzen Kräfte aufbieten, um seine Botschaft noch rechtzeitig an alle Männer bringen zu können.

Als er endlich erschöpft in der »Rabenfluh« ankam, war es nicht mehr weit bis zum Abend. Konrad Immler und seine Tochter saßen in der leeren Stube und streckten die Hälse, als sie den Gemeindemann heranstapfen sahen. Auch sie ahnten, dass irgendetwas Unheilvolles in der Luft lag, denn solange Konrad Immler Wirt »Zur Rabenfluh« war, war er noch keinen Sonntag ohne Gäste gewesen. Und die Siedlung der »Halbjährigen« war heute auch wie ausgestorben. Nur einige Kinder spielten auf den Wiesen, und unter den Türen zeigte sich dann und wann eine weibliche Gestalt, der die Versorgung des Viehes anvertraut worden war. Aber die Männer und Burschen schienen wie weggefegt zu sein.

Neugierig ging der Wirt also dem Boten des Schultheiß entgegen und wollte mit der bloßen Einladung zur Ratssitzung nicht ganz zufrieden sein. Er solle doch ein wenig niedersitzen und einen Krug leeren, denn sicher hätte ihn der Marsch recht durstig gemacht! Er gab Barbara einen Wink, das Getränk auf den Tisch zu bringen.

Doch der Mann wollte sich nicht aufhalten lassen. So gut ihm ein wenig Rast und ein kühler Trunk tun würden, er dürfe nicht länger verweilen, denn es sei ja höchste Zeit, dass er den Auftrag des Schultheißen vollends erledige.

»Warum? Bin ich denn nicht der Letzte?«, fragte Konrad Immler verwundert, denn seit der alte Scheibenhofer unter der Erde lag, war er der letzte und entlegenste Freie gewesen, den eine Botschaft des Schultheißen erreichte.

Der Gemeindemann schüttelte den Kopf. »Seit heut nimmer, wir haben ja wieder einen Scheibenhofer!«

»Einen Scheibenhofer?«

»Heinrich?«, flüsterte Barbara heiser, und ihr Gesicht verfärbte sich.

»Jawohl.«

Vater und Tochter sahen sich einen Augenblick lang schweigend an.

»Also doch!«, sagte dann Konrad Immler zufrieden, und auf sein Gesicht legte sich ein breites Lächeln.

Barbara war unruhig geworden. Plötzlich band sie die Schürze ab. »Dem sag ich es! Trink ruhig dein Bier!«, rief sie dem Gemeindediener zu, und ohne eine Antwort abzuwarten, stürmte sie hinaus und lief zum Scheibenhof hinüber.

Der Gemeindediener schaute ihr kopfschüttelnd nach, und als Konrad Immler ihm beschwichtigend auf die Schulter klopfte, ließ er sich erschöpft auf den Stuhl nieder und langte gierig nach dem Krug. Dann erfuhr der Wirt von all den Dingen, die sich am Nachmittag im Taldorf zugetragen hatten.

Heinrich saß in der Stube des Scheibenhofes vor dem Schreibtisch und befasste sich wieder mit den Listen und Aufstellungen, die er schon einige Male hervorgeholt hatte. Es war ihm alles so fremd, so ungewohnt, und Gertrud um Hilfe anzugehen, dazu war er zu stolz. Wenn er gleich am Anfang ihren Widerstand brechen wollte, den sie ihm entgegenzusetzen versuchte, musste er sich schon von vornherein unabhängig von ihr machen. Man hatte ihn zum Scheibenhofer gemacht, zum Freien des Freitals, unabhängig davon, was er eigentlich wollte. Ob es ihm passte oder nicht, er musste gehorchen, weil der Schwur ihn dazu zwang, auch wenn sein Herz nicht dabei war. In Chur hätte es erschrockene Augen gegeben, wenn man ihn von dort so in der Bauernstube hätte sitzen sehen, als Bauern, als Scheibenhofer! Scheibenhofer!

In Chur hatte er doch seine Werkstätte als Bildhauer und saß hier in einer düsteren Bauernstube des Schwarztanns fest. Und während er in den Listen blätterte, weilten seine Gedanken sehnsuchtsvoll jenseits der Berge in einer freundlichen, lebensfrohen Stadt, wo das Glück ihm bei jedem Schritt begegnet war. Es bedeutete ein zweigeteiltes Leben, das er jetzt zu führen hatte, zweigeteilt, wie seine Natur war: Er stammte aus dem düsteren Schwarztann und fühlte sich eng verbunden mit dieser Gegend, und doch zog es ihn immer wieder hinaus in die Welt. Einmal würde der Tag kommen, an dem er durch den Klimmsteig dieses Tal verlassen durfte, und bald musste er kommen! Er durfte nicht mehr lange warten, denn längst schon sollte er wieder in Chur sein.

Mit Gewalt suchte er sich stets von diesen Gedanken zu befreien, aber kaum hatte er die Arbeit begonnen, sah er sich gleich wieder am Klimmsteig vor der Brücke stehen. Was wäre wohl, wenn dieser einzige Zugang eines Tages verriegelt werden müsste? Unsinn! Und doch wurde es ihm bei diesem Gedanken so eng um die Brust, dass er rasch aufstand, die Unterlagen in die Schublade zurückwarf und wie ein gefangener Löwe in der Stube auf- und abging.

Da hörte er im Gang draußen Frauenstimmen. Die eine war Hilde, und die andere? Das war doch ...?

Zaghaft wurde an die Tür geklopft.

»Herein!«

Barbara von der »Rabenfluh« stand vor ihm, noch ganz erhitzt vom schnellen Laufen. Das war eine große Überraschung. Was wollte das Mädchen hier? Und was gab das wieder für ein Getuschel im Haus! Hatte doch Gertrud heute Mittag erst in ihrer spitzen Art auf Barbara angespielt. Seine Stirn furchte sich, und er schaute lange wortlos auf den Gast, ohne sich vom Platz zu rühren.

Das Mädchen, durch seinen Blick unsicher und verlegen geworden, konnte auch nicht gleich reden.

»Was willst du bei uns, Barbara?«, fragte er endlich.

Das Mädchen schöpfte Atem. »Du musst bis acht Uhr beim Schultheiß sein.«

»Wozu?«

»Eine Sitzung soll stattfinden.«

Er nickte. »Wie kommt es, dass du ...?«

Sie wurde wieder verlegen. Der Gemeindediener sei schon ganz erschöpft in der »Rabenfluh« angekommen, und so habe sie für ihn den Gang zum Scheibenhof herübergemacht.

Dann wollte sie schnell zur Tür.

»Wart!«, rief er. »Ich geh gleich mit.« Er schloss den Schreibtisch ab, nahm den Schlüssel an sich und griff nach dem Hut.

Auf dem Gang stießen sie auf Hilde. »Ich muss zu einer Sitzung«, sagte er kurz, öffnete die Tür und ließ Barbara vorangehen.

Als sie nebeneinander der Talmulde zuschritten, wurden sie von zwei Augenpaaren verfolgt, aus denen ebenso viel Unwillen wie Neugier schaute. »Das wird noch was geben, wenn die ihm schon am ersten Tag ins Haus läuft!«, grollte Hilde ihnen nach.

»Lass sie doch! – Ich mein, es geht etwas vor sich, weil er heut schon auf eine Sitzung muss. Da kann noch viel geschehen, bis die zwei Hochzeit machen!«, erwiderte Gertrud spöttisch.

Wie Heinrich, so ging auch Barbara eine Weile schweigend neben ihrem Begleiter her.

Keiner von beiden wollte sprechen, lange nicht ... Als sie an der alten Ulme vorbeikamen, schaute Heinrich auf den Scheibenhof zurück, als wollte er sich auch von der äußerlichen Ordnung des Hauses überzeugen.

»Jetzt ist's doch so gekommen«, ließ sich da das Mädchen hören.

»Ja, es ist so gekommen.«

»Und weiter?«

»Jetzt bin ich einmal Scheibenhofer, und was weiter werden soll, das müssen wir abwarten.«

»Was sagen denn deine Schwestern?«

»Was sollen sie sagen? Sie haben sich halt auch verrechnet, genau wie ich!«

»Du hast also wirklich gedacht ...«

»Dass das Anwesen meinen Schwestern vermacht worden sei, ja. Ich hab mich ja nie darum gekümmert und hätte mir mein Brot recht gern anderswo verdient«, unterbrach er sie gereizt.

Barbara schwieg. Es gefiel ihr nicht, wenn er so sprach.

»Wir sind Kinder des Schwarztanns«, fuhr er nach einer Weile fort, als spräche er zu sich selbst. »Ich hätte das nie vergessen dürfen!« Dann schaute er das Mädchen von der Seite an. »Ich weiß, dass du mit mir nicht mehr zufrieden bist, Barbara. Urteile über mich, wie du willst: Diese fünf Jahre sind nicht mehr auszulöschen! – Man hat mich jetzt zum Scheibenhofer gemacht, vielleicht in der besten Absicht. Man hält mich fest im Schwarztann – aber ich werde mir allzeit eine Tür offen halten, die in die Welt hinausführt!«

»Und der Scheibenhof?«, wagte sie zu fragen.

»Der muss in guten Händen sein. Dafür hab ich zu sorgen!«

»Also doch?« Jetzt schaute sie zu ihm auf. Sein Gesicht hatte einen angestrengten Ausdruck angenommen. »Man hat jetzt Botschaft über die Marodeure«, sagte sie schließlich, als er ihr nicht antwortete.

»So?«

»Keine gute! Der Schultheiß hat den Landsturm aufgeboten!«

Darauf sagte er nichts, aber man konnte ihm den Schrecken, der ihm in die Glieder fuhr, ansehen.

Sie waren in der Talmulde angekommen. Hier trennten sich ihre Wege. Sie blieben stehen, als wenn sie sich noch etwas sagen wollten, wozu ihnen die Worte fehlten.

»Heinrich, ich habe solche Angst!«, stieß sie endlich hervor, als suchte sie Befreiung von einem furchtbaren Druck.

»Wovor?«

»Ich weiß nicht ... Wenn du bloß mal reden tätest!«

»Reden? Was denn?«

»So, wie du früher gesprochen hast. Es tut so weh, wenn ich neben dir hergeh und sehen muss, dass alles ganz anders geworden ist! Und wer weiß denn, was die nächsten Tage bringen? Heinrich! Sei ehrlich, sag mir, was dir fehlt, so, wie du es früher auch getan hast!«

»Ja, es ist vieles anders geworden, aber nicht alles! Ich allein bin ein anderer geworden! Das darf dir nicht wehtun, Barbara! Schau, heut sind wir wieder gute Nachbarn, und wenn das Grummet gemäht werden muss, schlagen wir fast mit den Sensen zusammen, weil bloß der Flurstein zwischen unseren Grundstücken steht!« Er reichte ihr die Hand und lachte ihr das erste Mal wieder so gemütlich zu, wie er es in früheren Jahren getan hatte. Dann ging er rasch nach der Niederung des Taldorfes davon.

Langsam stieg Barbara zum Wirtshaus hinauf. Oft schaute sie nach ihm zurück. Sie merkte, dass sie sich immer mehr in seinem Wesen verirrte. Sie suchte und suchte, konnte aber nichts finden. Wenn er sprach, redete er so fremde Dinge und kein Wort mehr von dem, was sie früher so gern von ihm gehört hatte. Und wie oft schon, traten ihr auch heute wieder Tränen in die Augen, die den schweren Druck auf ihrer Brust lösten.

In der Amtsstube des Schultheiß, wo sich an diesem Abend die Freien vom Freital versammelten, gab es ernste, sorgenvolle Gesichter. Aus einzelnen Nachbartälern lagen die Schreckensbotschaften vor, dass herumstreifende Soldaten des Revolutionsheeres hier und dort eingefallen waren, um die Dörfer auszuplündern. Wo ihnen Widerstand entgegengesetzt worden war, hatten sie sogar von den Waffen Gebrauch gemacht. Nun war von den Söhnen des Schultheiß noch die Kunde gebracht worden, dass ein größerer Haufen von Marodeuren sich auf der Straße befände, die am Freital vorbeiführte. Was, wenn es die feindlichen Krieger gelüstete, dem Schwarztann einen Besuch abzustatten? Sollte man ihnen den Eintritt ins Tal verwehren? Durfte es der kleine, ungeübte Landsturm wagen, sich den kriegsgeübten Soldaten entgegenzustellen? Musste nicht gerade der Widerstand den Feind zur unnachsichtigen Rache und Vergeltung reizen? Oder wäre es vielleicht besser, ihm freien Zugang zu gestatten, auch auf die Gefahr hin, dass er das Dorf ausplünderte? Über diese Fragen zu beraten und schlüssig zu werden, hatten die Freien vom Freital sich heute um den Schultheiß versammelt.

Vollzählig waren sie erschienen, die alten Herrenbauern, mit ihren hageren, wettergegerbten Gesichtern, aber auch die jungen, die ihren Vätern in der Erbwürde nachgefolgt waren. Der jüngste von ihnen war Heinrich Schrund, der heute das erste Mal den Platz des Scheibenhofers einnahm. Diese Neubesetzung wurde von den anderen mit solcher Selbstverständlichkeit hingenommen, als hätte es gar nicht anders sein können. An seiner Seite saß Konrad Immler, der Wirt. So viel Ernst und Feierlichkeit hatte Heinrich noch nie im Gesicht des biederen Mannes gesehen wie heute. So war es bei allen. Überall begegnete er dem gleichen Blick, und allmählich wurde es ihm ganz unheimlich zumute, sodass es ihm kalt über den Rücken lief. Er überlegte, wie es wohl wäre, wenn diese Männer über einen zu Gericht säßen, und schon beim bloßen Gedanken daran graute ihm davor.

An der Seite des Schultheiß saß der Schulmeister, vor sich auf dem Tisch ein Blatt Papier, in der Hand die Feder. Mit einem schwachen Lächeln hatte er zu Heinrich herübergegrüßt.

Dann erhob sich der Schultheiß und fing an zu reden: »Schwarztannler! Es wird wohl jeder wissen, warum ich den Rat der Freien zusammengerufen hab: Wir müssen uns darüber einig werden, was zu tun ist, wenn die Banden am Klimmsteig erscheinen. Es haben schon viele Fremde den Weg in unser Tal gefunden, und ich glaub, dass auch die Marodeure den Schwarztann ausfindig machen werden. Soll man ihnen dann den Zugang gestatten oder verwehren? Ich bin für das Letztere. Aber die Abwehr muss siegreich sein, weil Widerstand den Feind bloß zur Rache reizen wird, und dann wär's wohl um uns geschehen! Es darf also kein feindlicher Soldat unseren Boden betreten, darum müssen wir ein paar Sondergesetze erlassen, die gleich morgen beim ersten Tagesgrauen in Kraft treten sollen. Es bleibt uns nimmer viel Zeit zum Überlegen, denn das Gebot der Stunde fordert rasches Handeln, Einigkeit und Mut! Einen Überfall brauchen wir nicht zu fürchten, weil die Gottesackerberge uns davor schützen, die uns wie ein Felsenwall umschließen. Es bleibt also allein bloß der Klimmsteig zu verteidigen, und wir wissen alle, dass sich dort schon einmal, zur Zeit unserer Väter, ein grimmiger Kampf abgespielt hat. Damals sind es Schweden gewesen, die den Schwarztann bedroht haben, die aber durch die Entschlossenheit der Schwarztannler zurückgeschlagen wurden. Diesmal sind's Revolutionäre, und wir, die Söhne der Schwarztannler, müssten uns doch vor Gott und der Welt schämen, wenn wir es unseren Vätern nicht gleich tun wollten.«

Der Schultheiß machte in seiner Rede eine Pause. Totenstille herrschte in der Stube. Jedem mochte es wohl schwer werden, daran zu glauben, dass der Schwarztann jetzt tatsächlich von kriegerischen

Überfällen bedroht sein könnte. Schon lange hatte man davon gesprochen und sich davor gefürchtet, aber es war doch ein großer Unterschied zwischen dem Möglichen und dem Tatsächlichen. In die Stirnen der schweigenden Männer gruben sich tiefe Falten, und die schrundigen Hände lagen zu Fäusten geballt auf der Tischplatte, als wären sie jede Minute bereit, loszuschlagen.

»Ich frage euch als die Freien vom Freital jetzt im Namen des Schwarztanns«, fuhr der Schultheiß mit erhobener Stimme fort: »Ist den Soldaten der Eintritt ins Tal zu gestatten oder zu verwehren?«

»Zu verwehren«, kam es rollend und grollend aus den Kehlen, und die Fäuste fielen zur Bekräftigung krachend auf die Tischplatte nieder.

»Wer ist dagegen?«

Keiner rührte sich. Heinrich saß da wie einer, dem es noch nicht recht gelingen wollte, sich in das einheitliche Ganze einzugliedern.

»Keiner? Dann verhänge ich über den Schwarztann das Kriegsrecht und erlasse folgende Gesetze: Der Landsturm wird aufgeboten und muss jede Stunde verfügbar sein. Jeder ist verpflichtet, Blut und Leben für die Heimat einzusetzen.« Der Schultheiß unterbrach sich, als erwarte er eine Entgegnung. Aber es kam keine. Nur die Feder des Schulmeisters kratzte über das Papier. Dann fuhr der Gemeindevorsteher fort: »Es ist jedem verboten, den Schwarztann zu verlassen, solange der Kriegszustand anhält. Wer sich aus dem Staub macht oder machen will, ist als fahnenflüchtiger Schurke anzusehen und zu bestrafen!«

Heinrich schrak bei diesen Worten zusammen, als hätte man ihm eine Anklage ins Gesicht geschleudert. Das war ja heller Wahnsinn, was die Leute da beschlossen! Sollten sie denn wie Kettenhunde vor ihren Häusern liegen und wachen! Oder vielleicht monatelang darauf warten, ob der Feind sich dem Schwarztann näherte? Nein, hiergegen musste er sich zur Wehr setzen. Alles konnten sie von ihm verlangen, aber auf seine persönliche Freiheit konnte er nicht verzichten, weil er ja sein Leben und seine Pflicht teilen musste zwischen dem Schwarztann und Chur. ›Halt!‹, wollte er schreien, aber die Stimme versagte ihm. Hilfe suchend schaute er von Gesicht zu Gesicht: Eines glich dem anderen an Härte, Entschlossenheit und Rücksichtslosigkeit. Er hörte, wie wieder die Feder des Schulmeisters über das Papier kratzte. War er denn schon ganz wehrlos? Da sah er, wie der Schultheiß den Kopf hob, um zu einem neuen Schlag auszuholen. Es war zu spät.

»Die Brücke im Klimmsteig muss weg, der Weg bleibt bis auf weiteres gesperrt und wird streng bewacht!«

Kaum hatte der Schultheiß diesen Satz zu Ende gesprochen, sprang Heinrich vom Stuhl auf. Sein Gesicht war kreideweiß, er zitterte. Es war die letzte Möglichkeit, die einzige Hoffnung, mit der Außenwelt in Verbindung bleiben zu können, die jetzt mit der gleichen Kälte und Selbstverständlichkeit zerschlagen werden sollte.

»Unmöglich! Irrsinn ist das!«, schrie er.

Alle Köpfe drehten sich nach ihm um, und der Schultheiß zeigte ihm durch einen unerschütterlichen Blick an, dass er auf eine Begründung dieses hitzigen Einspruches warte.

»Wie lange kann die Belagerung dauern?«, gab Heinrich zu bedenken, und zwang sich mit aller Gewalt zur Ruhe. »Vielleicht wochenlang! Und der Klimmsteig ist der einzige Zugang zum Schwarztann. Wir schließen nicht nur den Feind, sondern auch den Freund aus!«

Der Schultheiß antwortete lange nicht. Er schaute mit unbeugsamem Gesichtsausdruck auf Heinrich.

»Scheibenhofer«, begann er dann, und auf dem ungewohnten Anruf lag eine merkwürdig nachdrückliche Schärfe, »du bist lange fort gewesen vom Schwarztann. Es kann schon sein, dass die Leute draußen in der Welt anders denken. Was redest du da von Freunden? Wir haben von unseren Alten gelernt, dass der kluge Mann auf sich selber baut!«

»Aber was ihr da machen wollt, das ist nicht klug!«, antwortete Heinrich hartnäckig.

Wieder wandten sich die Köpfe nach ihm um, denn so kühn hatte sich dem Schultheiß noch keiner widersetzt. Überraschung und Verwunderung machten sich unter den Anwesenden breit. Nur der Schultheiß stand in unerschütterlicher Ruhe da und schaute forschend auf den jungen Hitzkopf. Von alldem merkte Heinrich nichts, er stellte sich in diesen Augenblicken nur den Klimmsteig vor, die tiefe Schlucht, über die eine feste Brücke führte. Er sah vor seinem inneren Auge, wie diese weggerissen wurde, und gedankenschnell wandte er sich zurück in den Talkessel, sprang wie ein gefangener Löwe um das Bergmassiv herum, das sich wie eine riesige Felsenmauer auftürmte und nirgends eine Möglichkeit zum Flüchten bot. Da stieg eine heiße Angst in ihm auf.

»Und wer kann sagen, dass die Feinde – auch wenn die Brücke weg ist – nicht mehr ins Tal eindringen können?«

»Ich!«, antwortete der Schultheiß fest und bestimmt.

Heinrich schüttelte zweifelnd den Kopf: »Nein! Niemand weiß das! Aber wir haben dann keine Verbindung mehr mit der Außenwelt, können dann auf keine Hilfe rechnen, vermögen selbst nicht auszuweichen und sind verloren!«

Jetzt ging es wie ein fernes Donnerrollen durch die Reihen der Männer, der Schultheiß blickte sich finster im Saal um. Er hob die Hand und gebot Schweigen.

»Scheibenhofer«, sagte er wieder, nur etwas lauter und strenger noch als beim ersten Mal. »Deine Einwände können woanders gut sein, aber bei uns stimmen sie nicht. Du denkst so, wie man in der Welt draußen denkt. Aber wir denken, wie man im Schwarztann denkt: Ehrlich, offen und ohne Furcht! Wir wollen nicht, dass ein feindlicher Soldat unsern Grund und Boden betritt, und er wird es auch nicht! Gott helf uns dabei!«

Zum Zeichen der Zustimmung nickten die anderen dem Schultheiß zu. Heinrich setzte sich mutlos auf seinen Platz zurück.

»Die Brücke muss weg!«, rief nun der Schultheiß, und seine grauen Augen flammten feurig auf.

»Ja, sie muss weg!«, kam es wieder rollend aus den Kehlen der Bauern, und mit einem Satz standen alle entschlossen von ihren Sitzen auf.

Heinrich sah wohl ein, dass er sich unmöglich durchsetzen konnte, aber trotzdem nahm er noch einmal einen verzweifelten Anlauf. »Halt!«, schrie er. »Habt ihr auch bedacht, dass so eine Belagerung wochenlang dauern kann? Woher wollt ihr die Lebensmittel nehmen? Vom Himmel regnet es kein Brot!«

»Dafür ist schon gesorgt«, entgegnete der Schultheiß sehr ruhig. »Es soll keine Not ins Tal kommen. Dafür bin ich Schultheiß vom Schwarztann. Und ich steh dafür ein! Unsere Berge sind hoch und fest, unsere Stutzen sind gut, und die Söhne des Schwarztanns werden zusammenhalten! Der Herrgott steh uns bei in unserem Kampf! Unsere Losung war und wird allzeit sein: Hie gut Schwarztann allweg!«

»Allweg!«, war die kampfbereite Antwort der Bauern.

Der Schultheiß gab dem Schulmeister ein Zeichen, der nun auch den letzten Punkt zu Protokoll brachte.

Damit war der Kriegsrat der Freien im Freital beendet.

Als die Männer gleich darauf hintereinander die Amtsstube verließen, gab der Schultheiß dem Scheibenhofer einen Wink, dass er noch bleiben sollte.

Kaum hatte der Letzte die Tür hinter sich zugezogen, trat Johannes Aigner mit düsterem Gesicht auf Heinrich zu. »Es ist bei uns nie Brauch gewesen, dass der Jüngste in den Sitzungen das Wort führt. Ich weiß, du hast da draußen das Reden gelernt wie ein Advokat. Ich hab dich reden lassen, weil ich von vornherein gewusst hab, dass es dir nichts hilft. Die Gesetze stehen jetzt geschrieben und treten morgen in Kraft. Sag mir bloß, warum du so dagegen bist! Angst kann's nicht sein, weil man im Scheibenhof die Furcht nicht kennt. Der Schwarztann ist in Gefahr, und wir müssen handeln, wir dürfen nimmer lang reden!«

Der Alte schaute Heinrich forschend ins Gesicht und legte dann die Hand schwer auf seine Schulter. Der junge Mann senkte den Blick.

»Du müsstest kein Scheibenhofer sein, wenn du das nicht einsehen würdest. Und glaub mir, ein Weg, der die Feinde ins Tal führt, der sollte dir auch verleiden, noch einmal in die Welt hinauszugehen!«

Heinrich sagte nichts. Er merkte, dass der Alte ihn durchschaut hatte. So entstand ein längeres Schweigen. Vom Tisch her kam ein Geräusch. Der Schulmeister war noch da und packte eben sein Schreibzeug ein. Es war Heinrich unangenehm, dass gerade dieser Mann Zeuge der Maßregelung geworden war.

Der Schultheiß ließ keinen Blick von ihm und fuhr nach einer Weile düster fort: »Ist die Gefahr vorbei, dann kannst du dich ja wieder mit der Welt verbinden. Ob das aber für einen Scheibenhofer vom Schwarztann gut ist? Du kannst nicht heut Bauer und morgen Bildhauer sein! Doch jetzt bist du ein Schwarztannler wie wir alle! Das hab ich dir noch sagen wollen. Überleg dir's die Nacht, denn morgen in aller Herrgottsfrüh treten die drei Gesetze in Kraft!«

Heinrich wagte nicht aufzuschauen. Er fürchtete sich vor dem Blick dieses Mannes, der seine Leute nicht nur äußerlich, sondern auch in ihrem verborgensten Innern zu kennen schien. »Es ist schon überlegt«, sagte er leise.

Der Blick des Schultheiß wurde noch schärfer. »Scheibenhofer!« Es war nun das dritte Mal, dass der Schultheiß ihn heute mit diesem Namen ansprach.

Jetzt schaute Heinrich auf, sein Blick lag fest und unerschütterlich auf dem Gesicht des Alten. Darauf verließ er die Stube und eilte hinaus.

Es war eine finstere Nacht. Die Luft schien dick und gewitterschwül. Heinrich ging der Straße zu, blieb aber dann stehen und schaute sich um, als hätte er sich verirrt. Er wusste nicht, wie spät es schon war, doch es konnte nicht mehr weit von Mitternacht weg sein. Im Wirtshaus brannte noch Licht, die Freien waren wohl dort eingekehrt, um ihre Meinungen über die stürmische Sitzung auszutauschen. Auch von ihm würden sie jetzt sprechen, seinen Freimut tadeln, denn am Biertisch öffneten sich die Mäuler leichter als in der Amtsstube des Schultheiß. Mochte man über ihn reden und richten, wie man wollte! Was ging ihn das an? Was wussten diese Menschen schon von der Freiheit? Die Welt war für sie eben nicht größer, als ihr Blick reichte. Was galt ihnen das, was jenseits der Berge lag? Ja, um seine Freiheit hatte er gekämpft, verzweifelt und hitzig. Aber es war umsonst gewesen. Er war jetzt ein Gefangener des Schwarztanns, ein Bauer unter Bauern, und wenn die Brücke am Klimmsteig abgebrochen war, fehlte ihm alle Verbindung zu der Welt draußen. Flügel hätte man besitzen müssen, wollte man das düstere Bergtal verlassen. Und in Chur wurde er schon längst zurückerwartet. Was tun? Wenn er nur eine kurze Nachricht hätte geben können, dass es ihm gut gehe, dass man sich um ihn nicht zu ängstigen brauche, weil er abgeschirmt und beschützt in seinem Heimattal sitze, das nur zurzeit wegen der kriegerischen Unruhen abgesperrt sei! Was hätte er darum gegeben, wenn er diese Kunde nach Chur hätte bringen lassen können! Aber kein Bote vermochte in nächster Zeit das Tal zu verlassen oder zu betreten. Man musste warten. Und so wünschte er, dass der feindliche Heerhaufen recht bald vor den Felstoren des Schwarztanns erschiene, damit die Entscheidung sich nicht so lange hinausschob.

Rasch bog er um das Wirtshaus herum und verließ das stille Dorf. Am Himmel hingen schwere Regenwolken, und über den Bergen konnte man schon das Wetterleuchten sehen. Als er der Talmulde zuwanderte, trat ihm ein Mann in den Weg: Konrad Immler.

Der Wirt, der auf ihn gewartet zu haben schien, gesellte sich sofort zu ihm. Ob er mit dem Schultheiß doch noch einig geworden sei? Denn so kühn wie er hätte ihm bis jetzt keiner widersprochen.

»Wir sind schon eins.«

Mit dieser Antwort war Konrad Immler noch nicht zufrieden. Warum er sich denn gar so hitzig dagegen gewehrt hätte, dass die Brücke abgebrochen werde? Es sei doch das Beste, was man tun könnte!

Darauf gab Heinrich keine Antwort, und so gingen sie jetzt schweigend nebeneinander her durch die schwüle Nacht. Es war, als hätte einer den anderen über seine eigenen Gedanken eine Zeit lang vergessen, denn als Konrad Immler sich einmal geräuschvoll räusperte, schaute Heinrich fast erschrocken auf.

»Ja, es ist halt so im Schwarztann«, begann der Wirt mit dunkler Stimme. »Es ist nicht zufällig gewesen, dass unsere Alten damals die Schweden verdroschen haben, Heinrich. Daran hast auch du deine Freud! Ich kann mir schon denken, was dich bedrückt. Du bist etwas lange in der Welt draußen gewesen, und jetzt will's dir nimmer recht passen, dass um uns rum lauter hohe Berge stehen. Was zieht dich denn gar so in die Welt hinaus?«

Heinrich schwieg, aber seiner Brust entrang sich ein schwerer Seufzer.

Der Wirt spähte scharf zu ihm hinüber und flüsterte, als wären sie von Lauschern umgeben: »Ist's eine Frau?«

Diese unvermittelte Frage verwirrte den jungen Scheibenhofer. Blitzschnell wandte er dem Wirt sein Gesicht zu, das jetzt so viel Angst und Schrecken zeigte, als hätte man ihm soeben ein streng gehütetes Geheimnis entrissen. Er sagte aber nichts.

Der Wirt deutete die Sache anders und suchte ihn sogleich zu beschwichtigen: »Ich hab's nicht bös gemeint, Heinrich. Wir verstehen es halt nicht besser, weil es für uns im Schwarztann nur zwei Dinge gibt, die einen jungen Menschen so packen können: Ehre und Liebe. Es kann schon sein, dass es draußen noch mehr solche Sachen gibt. Ich kenn die Welt nicht und weiß es nicht. Mich freut's, dass dein Vater dich zum Scheibenhofer gemacht hat und dass ich wieder einen männlichen Nachbarn hab!«

Sie gingen ein Stück schweigend weiter. Dumpf dröhnte der trockene, aufgesprungene Wiesenboden unter ihren Schritten. Bald tauchte auf der rechten Höhe ein Licht auf. Es kam von der »Rabenfluh« herab. An der Wegkreuzung blieben sie stehen.

»Hast du heut noch Gäste?«, fragte Heinrich.

»Kaum. Vielleicht sitzen die Grenzer noch in der Stube.«

»Grenzer! Wozu braucht man im Schwarztann noch Grenzer, wenn der Zugang versperrt ist?«

»Es gibt vielleicht Leut, die auch vorher schon nie durch den Klimmsteig in den Schwarztann kommen sind!«

»Der Klimmsteig ist doch der einzige Weg ins Tal!«

»Für uns schon. Aber –« Der Wirt deutete zu den finsteren Gebirgskämmen hinauf. »Schmuggler finden auch da einen Weg, wo es für uns keinen gibt. Es ist jetzt ruhiger, seit die Grenzer da sind, aber vor fünfzehn, zwanzig Jahren kam es gar nicht so selten vor, dass man Schmuggler erwischt hat!«

Heinrich lachte laut auf. »Meinst du vielleicht den Fuchssteg? Man hat uns damals in der Schule schaurige Geschichten davon erzählt. Aber es hat ihn wohl in Wirklichkeit nie gegeben, und er gehört zu den Sagen des Schwarztanns!«

»Es hat ihn gegeben, und er ist vielleicht auch jetzt noch da!«, ereiferte sich Konrad Immler. »Aber die, die ihn kennen, werden es nie sagen, weil sie sich dann bloß selber verraten würden.«

Heinrich schaute nachdenklich vor sich nieder. Dann aber schüttelte er ungläubig den Kopf. »Für uns bleibt wohl nur der Klimmsteig.«

»Ja, und der wird uns genügen.«

»Und morgen wird er gesperrt.«

»Jawohl! Aber so lange er es bleibt, Heinrich: Kopf hoch! Hie gut Schwarztann allweg!« Er streckte ihm die Hand hin.

Heinrich schlug ein, und dann stieg jeder zu seinem Gehöft hinauf.

Oberhalb der schwarzen Berge ballten sich die Wetterwolken immer dicker zusammen und schoben sich über das Tal herein. Am fernen Himmel rollte der Donner.

Die nächsten Tage verliefen ohne besondere Zwischenfälle. Im Leben und Treiben der Talbauern hatte sich nichts geändert, wenigstens nach außen hin nicht, und ein Fremder hätte wohl kaum geahnt, mit welch schweren Gedanken und Sorgen der Schwarztann sich in diesen Tagen beschäftigte. Man ging der gewohnten täglichen Arbeit nach wie immer, vielleicht etwas stiller noch und ernster und mit einer größeren Hast, zumal die Mannsleute, die so manche Stunde am Tag die Arbeit niederlegten und den Stutzen an die Wange hielten, um sich solange im Schießen zu üben, bis jede Kugel das Ziel traf.

An den Abenden aber kam eine große Schar von Männern, alle in voller Ausrüstung, auf einem freien Feld zusammen. Bis in die späte Nacht hinein erschollen von dort Kommandorufe, die eine straffe Ordnung und eine einheitliche Bewegung in die Masse zu bringen suchten. Das war der Landsturm des Schwarztanns, kraftvolle, entschlossene Männer, geführt von einem strammen Burschen, der schon einige Jahre unter den Kaiserlichen gedient und das Kriegshandwerk erlernt hatte. Willig und bedingungslos gehorchten ihm alle, und ohne Unterschied standen sie in Reih und Glied, auch der Schultheiß. Hinter ihm standen der Schulmeister, Heinrich Schrund, Konrad Immler, alle nahmen teil, die sich gesund und kräftig genug fühlten, Kriegsdienst zu leisten: klobige, ungelenke Bauerngestalten ebenso wie derbe, kräftige Holzfäller. Es galt ja die Heimat zu schützen, und da wollte keiner fehlen!

Ohne Zwischenfall waren die drei Sondergesetze, die der Rat der Freien erlassen hatte, in Kraft getreten. Schon am ersten Tag wurde die Brücke im Klimmsteig weggerissen und vor der Schlucht eine Schanze aufgeworfen, hinter der sich eine starke Wache mit schussfertigen Stutzen verkroch. Innerhalb weniger Tage war der Schwarztann in Kriegsbereitschaft und sah entschlossen dem Kommenden entgegen.

Doch es ereignete sich lange nichts, wenigstens kam es Heinrich Schrund sehr lange vor, der jeden Tag mit noch größerer Ungeduld auf den Feind wartete. Nach der »Rabenfluh« stand der Scheibenhof dem Klimmsteig ja am nächsten, und sooft er vor die Tür trat, konnte er einen Blick hinüberwerfen. Aber es war nie etwas Besonderes zu entdecken. Ein Tag verlief wie der andere. Mit ganzer Kraft hatte er sich in die ungewohnte Arbeit gestürzt. Er mähte, schaffte auf dem Feld und im Haus mit und achtete kaum auf die brennenden Schwielen an den Händen, die sich nur schwer in die ungewohnte Arbeit schickten. Wie all die anderen nahm auch er öfter am Tage den Stutzen in die Hand und schoss in immer größerer Entfernung aufgesteckte Schindeln der Reihe nach von den Pfählen, bis auch er bei keinem Schuss ins Leere traf. Mit seinen Stiefschwestern kam er leidlich aus, weil er jeden Zusammenstoß mit ihnen vermied. Es genügte ihm, dass sie mithalfen, auch wenn sie keine besondere Freude mehr an der Arbeit zeigten.

Aber soviel er sich auch bemühte, durch Arbeit sein Herz von dem schweren Druck zu befreien, es gelang ihm nicht. Oft schon war er nahe daran, zum Schultheiß zu gehen und ihm zu gestehen: ›Ich bin kein Schwarztannler mehr und darf es nicht mehr sein, denn drüben über den Bergen wartet ein Mensch auf mich, dem ich fürs Leben gehöre. Habe ich unrecht getan, dann verurteilt mich! Aber so halte ich das nicht länger aus!‹ Dann sah er die unerbittlichen Augen des Mannes vor sich, sah sich umringt von den Freien vom Freital, von harten Gesichtern, aus denen Verachtung schaute, und dann verließ ihn wieder aller Mut.

Er wartete erneut, Tag um Tag verging. Einmal musste ja eine Entscheidung fallen, wenn es überhaupt zu einer kommen würde. Gern hätte er den Kampf und das Schicksal seines Dorfes geteilt, wenn er nur eine kurze Nachricht über sein Verbleiben hätte nach Chur bringen können! Tag und Nacht wäre er gewandert, hätte mit Freude seine Füße wund gelaufen, um so schnell wie möglich zurück zu sein. Kein Mensch hätte davon etwas zu merken brauchen. Dafür würde er schon gesorgt haben. Gab es denn gar keinen Weg, auf dem man aus dem Tal schlüpfen konnte? Es musste doch einer da sein! Der Fuchssteg? Lächerlich! Den gab es nicht! Woher sollte Konrad Immler das wissen? Und wenn es ihn doch gäbe? Dann, ja dann ...

An einem Abend nun, als er von der Kriegsübung des Landsturms nach Hause kam, wartete er in der Stube, bis alles im Haus ruhig war. Dann schlich er sich hinaus und ging zum Klimmsteig. Es war schon tiefe Nacht. Von der »Rabenfluh« herüber blinzelte ein einsames Licht. So still war es überall, als hätte der Schwarztann das Leben ausgehaucht. Und doch war alles in Bereitschaft. Wenn jetzt nur ein Trompetenstoß zu hören gewesen oder ein einziger Schuss gefallen wäre, dann würden von überall her Gestalten auftauchen und gegen den Klimmsteig vorrücken, lautlos, Schatten gleich, mit schwer geladenen Stutzen. Ja, das war der Schwarztann: Unter dem düsteren, starren Schweigen verbarg sich ein kraftvoller Wille, zum Letzten und Äußersten entschlossen.

Der nächtliche Wanderer klomm zum Eingang in den Engpass empor. Weit drunten plätscherte der Gebirgsbach. Sonst rührte sich nichts. Nichts war zu sehen, als ein schmaler Streifen des Nachthimmels mit einzelnen Sternen. Wenn er gekommen war, um hier einen Weg zu suchen, der über die Schlucht und die Felswände hinweg in die Welt führte, dann hatte er wohl nicht die rechte Stunde dazu ausgewählt. Aber bei Tag hätte ihn die Wache gesehen – wenn überhaupt, dann musste es unter dem Schutz der

Nacht geschehen. Und jetzt sah er, dass es nicht möglich war. Dennoch tastete er sich an den Felsen vor. Undenkbar war es, über die Schlucht zu kommen! Aber er wollte es nicht glauben und suchte weiter.

Da klapperte etwas im Dunkeln, ganz in der Nähe, als ob jemand aufgesprungen wäre und den Stutzen in Anschlag gebracht hätte. »Wer da?«, rief eine Stimme aus der Nacht.

Er war der Wache zu nahe gekommen! Es war ja alles heller Wahnsinn, was er da versuchte. »Hie gut Schwarztann!«, antwortete er rasch.

»Allweg!«, sagte die Stimme im Dunkeln.

Dann wandte er sich rasch um und schlich zurück. Wie gut hatten die Schwarztannler es verstanden, sich zu verschanzen! Hier war nichts zu machen. Verzweifelt schaute er zu den schwarzen Bergen auf. Es musste doch irgendwo einen Weg geben!

Am Ausgang der Schlucht entdeckte er eine Gestalt, die wie ein Schatten vor ihm herging und dann in einem niedrigen Strauchwerk verschwand. Das machte ihn stutzig. Warum versteckte sie sich vor ihm? War man ihm nachgeschlichen? Es ahnte doch nicht ein einziger Mensch des ganzen Tales, mit welchen Gedanken er sich in den letzten Tagen trug! Oder vielleicht doch?

Er blieb vor dem Busch stehen und horchte hinein.

Als er aber nichts hörte, ging er um den Strauch herum. Er musste wissen, wer der Schleicher war und was er hier suchte.

An der anderen Seite stieß er auf einen Mann, der sich in gebückter Haltung in den Strauch drückte, um nicht bemerkt zu werden. Es war der Klausen-Jörg.

»Was tust du denn da?«, fragte Heinrich.

»Das könnt ich dich auch fragen!«, war die Antwort.

»Auf wen hast du gewartet?« Eine Ahnung stieg in ihm auf. Er dachte sofort an den Schulmeister.

»Auf dich!«

»Auf mich? – Wozu?«

Der Klausen-Jörg trat aus dem Busch hervor und stellte sich vor ihm auf. Dann packte er ihn heftig am Arm. »Ich weiß, was du suchst: Aber da findest du keinen Weg, und wenn du einen finden tätest, dann hättest du bald eine Kugel im Kopf!«

Heinrich wandte sich ab und wollte gehen.

»Bleib!«, flüsterte der andere und packte ihn wieder am Arm. »Ich will dir helfen. Kennst du den Fuchssteg?«

Heinrich wünschte mit dem Burschen keinerlei Verbindung und zeigte ein abweisendes Gesicht. Aber es war dem Jörg nicht entgangen, dass Heinrich bei dem Wort »Fuchssteg« aufgehorcht hatte, er fuhr gleich halblaut fort: »Von der Daxenhütte geht der Weg über die Breitjöchler zur Brentenhütte. Da hört er auf, weil eine steile Plattenwand kommt. Über die muss man hinüber. Es geht nicht leicht, aber man schafft es! So kommt man auf den Grat der Gottesackerberge. Und wenn man sich ab da immerzu links hält, kommt man in ein paar Stunden an einen tiefen, breiten Felsspalt, der allmählich schmäler wird. Über die engste Stelle – sie ist da nicht viel breiter als vier Meter – führt ein schmaler Steg aus zwei Balken. Das ist der Fuchssteg!«

Sie waren inzwischen langsam von der Höhe herabgegangen. Heinrich, der schweigend zugehört hatte, war dem anderen immer einen Schritt voraus, als wollte er seinem Versucher entkommen. Aber dieser ließ nicht von ihm ab. »Der Fuchssteg ist kein Märchen, wie man uns früher erzählt hat. Er ist da! Ich hab ihn selber gefunden, und für den, der ihn ausfindig macht, ist's nimmer schwer, draußen auf eine Straße zu kommen!«

Heinrich blieb stehen und schüttelte den Kopf: »Es ist jedem von uns verboten, den Schwarztann zu verlassen!«

»Pah! Wer weiß denn etwas davon? – Du gehst halt ins Holz, der Scheibenhof hat ja ein Stück Wald fast bei der Brentenhütte droben!«

»Wir müssen warten, bis die Feinde kommen, Jörg!«

»Die kommen nicht!«

»Wer weiß das?«

Der Klausen-Jörg zuckte die Schultern. Auf seinem Gesicht lag ein hässliches Grinsen. In diesem Augenblick hatte er wirklich etwas Teuflisches an sich.

»Was kümmert mich der Fuchssteg!«, wollte Heinrich die Sache abtun und ging weiter.

Aber der andere war schon wieder hinter ihm her: »Viel geht er dich an, weil er jetzt der einzige Weg ist, auf dem man den Schwarztann verlassen kann!«

»Ja, auf einem Schmugglersteig!«, höhnte Heinrich.

»Was liegt da dran? Man darf sich bloß nicht erwischen lassen. Es gibt wenig Leut im Schwarztann, die ihn kennen. Und die von ihm wissen, die verraten ihn nicht. Auch du wirst es nicht tun!«

Heinrich antwortete nicht. In seinem Inneren tobte ein mächtiger Kampf. Da hatte er ja nun den Weg, nach dem er bisher vergebens gesucht hatte. Die Versuchung lockte und lockte. Wie leicht war es jetzt für ihn, den Schwarztann heimlich zu verlassen, kein Mensch würde ahnen, wohin er gegangen war. Er würde ja auch irgendwo in den Bergen abgestürzt sein können und wäre so für die Schwarztannler einfach verschollen. Seine Schwestern würden wieder die Führung auf dem Scheibenhof übernehmen, und für alle wäre es gut ... ›Verräter!‹, schrie da die Stimme des Gewissens, ›hast du vergessen, dass du deiner Heimat Treue schuldest, dass du geschworen hast, dein Leben dem Schwarztann zu weihen? Meineidiger Verräter!‹

Nein! Zum Verräter wollte er nicht werden! Nie!

Aber das wäre doch kein Verrat, wenn er den Schwarztann nur auf ein paar Tage verließe, um eine Kunde über sein Verbleiben nach Chur zu bringen? In dieser kurzen Zeit würden doch nicht gerade die Marodeure kommen. Er musste sich eben beeilen und Tag und Nacht auf den Beinen sein.

Der Klausen-Jörg hatte ihn scharf beobachtet. Dann klopfte er ihm freundschaftlich auf die Schulter: »Sollte dir damit geholfen sein, dann würde es mich freuen!«

Heinrich schaute ihn finster an. Er konnte das Lachen im Gesicht des verschlagenen Burschen nicht ertragen. Vielleicht glaubte er gar, dass er auf seinen Vorschlag einging und dem Schwarztann für immer den Rücken kehrte? Darauf lief doch die ganze Sache hinaus! Er sollte fort, damit für ihn der Weg zur Barbara wieder frei war.

»Ich glaub, du hast dich in mir getäuscht, Jörg!«, sagte er düster. »Ich bin kein Verräter!« Dann ließ er ihn stehen und stieg zum Scheibenhof hinauf.

Der Klausen-Jörg sah ihm verächtlich nach. Sein Gesicht zeigte jetzt ein Gemisch von Hass, Wut, Verachtung und Schadenfreude. »Du bist kein Verräter! Heut noch nicht, aber morgen!«, zischte er und nahm seinen Weg hinauf zur »Rabenfluh«, wo immer noch das einsame Licht brannte.

6

Der Klausenhof stand weit drin im Tal. Die Vorderfront des Hauses wandte sich vom Dorf ab und war den Bergwäldern zugekehrt, als lebte es mit den übrigen Häusern des Taldorfes in Unfrieden. Dem war aber nicht so. Der Klausenbauer war ein rechtschaffener Mann, der sein ganzes Leben hart gearbeitet hatte, um sich von der schweren Schuldenlast zu befreien, in die ihn eine lange Krankheit seiner Frau gebracht hatte! Es blieb ihm wenig Zeit, sich um seine beiden Söhne zu kümmern.

Lange merkte er nicht, dass sie ganz verschieden geartet waren, denn während der ältere von dem ernsten Schlag des Vaters war, zeigte der jüngere schon sehr früh ein hohes Maß von Rohheit und Händelsucht. Und wenn es einmal nicht nach seinem Kopf ging, dann konnte er störrisch sein wie ein Ochse. Ja, sein Trotz ging oft so weit, dass er tagelang keinen Bissen Brot zu sich nahm, kein Wort sprach und sich nur unwillig, auf Rache sinnend, im Haus herumdrückte. Das wurde mit den Jahren immer ärger, so war es oft gut, dass das Haus den schweigsamen Wäldern zugekehrt war, in denen die Streitereien ungehört verhallten.

Auch in der Arbeit unterschieden sich die beiden Söhne. Jörg drückte sich davor, wo er nur konnte. Er war kein Freund von Anstrengungen, wie sie während der Sommerzeit notwendig waren. Vielleicht war seine Faulheit in der Erkenntnis begründet, dass der Hof doch einmal seinem älteren Bruder zufiel, und so lag ihm nicht viel am Schicksal des Anwesens. Er konnte ganz gut mit ansehen, wenn einmal Unglück in den Stall einbrach. Das vermochte der Alte nicht zu ertragen, so kam es zwischen Vater und Sohn oft zu heftigen Zerwürfnissen, wobei der ältere Sohn dann die Partei des Vaters ergriff, sodass sie oft zu zweit auf den Burschen losgingen. Alles aber, was sie damit erreichten, war, dass sie nur die ohnmächtige Wut und den Rachedurst des Jüngeren schürten.

Dann war dem Klausen-Jörg plötzlich die Tochter des Rabenfluhwirts ins Auge gefallen, damit hatten seine Gedanken eine ganz andere Richtung genommen. Wenn er nicht Klausenbauer werden konnte, dann war er auch als Wirt »Zur Rabenfluh« zufrieden. Sofort begann er mit seinem Werben, kehrte täglich in der »Rabenfluh« ein, ob nun die Arbeit drängte oder nicht. Barbara begegnete ihm anfangs freundlich, da sie sich von der Schulzeit her kannten. Als er aber deutlicher wurde, zog sie sich zurück. Mit aller Gewalt suchte Jörg jetzt, sein Ziel zu erreichen. Da kam Michael Frühauf, der neue Schulmeister, in den Schwarztann, der mit etwas mehr Glück, wie es schien, um das Mädchen warb. Trotzdem wollte es aber zu keiner Entscheidung zwischen den beiden Freiern kommen. Barbara wartete und wartete. Der Jörg, der von immer größerer Eifersucht auf den Schulmeister gepackt wurde, geriet in eine neue Leidenschaft, die bald alles, was noch gut an ihm war, erstickte: Er fing an zu trinken.

Dann war plötzlich Heinrich Schrund aus der Fremde heimgekehrt. Barbara war von der ersten Stunde an wie umgewandelt, der Schulmeister zog sich zurück, der Jörg kochte vor Zorn.

Dann kam ihm der Gedanke, dass mit dem jungen Scheibenhofer irgendetwas nicht stimmte, dass er mit der Welt draußen aus irgendeinem Grund nicht brechen wollte. Man musste also einfach nur warten, bis er wieder fort war.

Im Osten graute der Morgen schon, als der Jörg dem Taldorf zuging. Sein Schritt war unsicher, sein Blick starr. Man sah ihm an, dass er wieder stark getrunken hatte. Nur zwei Bauern hatten in der Stube gesessen, die mit dem Wirt Karten spielten. Er hatte sich an einen leeren Tisch gesetzt, getrunken und auf eine Gelegenheit gewartet, mit der Barbara zu reden. Als es ihm endlich geglückt war, hatte er wieder nicht mehr erreichen können als eine Abfuhr, diesmal sogar eine recht tüchtige. Jetzt war das Maß voll! Während er so vor sich hin auf Rache brütete, ging die Tür auf und ein Grenzer kam herein. Sofort, einem plötzlichen Gedanken folgend, war der Jörg aufgesprungen und hatte den Grenzer noch unter der Tür abgefangen, wo er ihm etwas zuflüsterte. Der Mann hatte ganz merkwürdig aufgehorcht und den Klausen-Jörg mit in seine Amtsstube hinübergenommen, wo sie noch über eine Stunde beisammen waren. Als der Klausen-Jörg dann endlich das Wirtshaus verlassen hatte, wäre ein jeder, der ihn gesehen hätte, über sein teuflisches Lachen erschrocken.

Daraufhin war er noch lange in der Nacht herumgeirrt, vielleicht um seinen Rausch und seine Wut auszulaufen. Erst als der neue Tag dämmerte, näherte er sich seinem väterlichen Hof.

Die Tür stand weit offen, im Stall brannte Licht und aus dem Schuppen kamen Geräusche. Das Tagewerk im Klausenhof hatte also schon begonnen. Als der Jörg über den Hof ins Haus schleichen wollte, kam eben sein Bruder aus dem Schuppen und trat ihm in den Weg.

»Wo kommst du her? Wo bist du so lang gewesen?«, herrschte er ihn an.

Der Jörg zuckte mürrisch die Schultern. »Woher? Das ist schwer zu sagen ...«

»Du bist wieder besoffen! Wenn der Vater dich so sieht –« Er brach ab, denn eben erschien der Alte unter der Tür. Mit zornfunkelndem Blick schaute er auf seinen Zweiten.

»Du kommst jetzt erst heim, wo die anderen Leut wieder an die Arbeit gehen? Du Schandbub! Ich seh es kommen: Der nächste Lump vom Schwarztann kommt aus dem Klausenhof!«

Jörg lachte höhnisch auf, wodurch er den Alten in immer größeren Zorn brachte, und zwar mit Absicht, denn er freute sich, wenn er andere recht ärgern konnte, zumal, wenn ihn selbst etwas verdrossen hatte.

»Komm herein!«, befahl der Alte bebend vor Zorn, und machte dann hinter ihm die Tür zu. Der ältere Sohn stellte sich lauschend an das Fenster.

Während der Alte erregt in der Stube auf und ab ging und vor Aufregung nach Luft schnappte, stand

Jörg trotzig da und schaute ihn höhnisch grinsend an. Es war dies wieder einer der Auftritte, die es in letzter Zeit so häufig gab und bisher hatten sie immer mit dem gleichen Ergebnis geendet, nämlich mit einer Strafrede des Alten und der Störrigkeit des Jungen. Heute aber sollte es anders kommen, weil der Klausenbauer das Gebot der Stunde vernachlässigt sah. Zufällig war er gestern Abend daraufgekommen.

»Du bist also beim Trinken gewesen? Wir haben jetzt aber anderes zu tun!«, sagte er und nahm einen der drei Stutzen, die neben der Tür an der Wand hingen. Er war verschmutzt und die Eisenteile verrostet. »Derweil die anderen sich rüsten und im Schießen üben, gehst du zum Saufen! Noch nicht einen einzigen Schuss hast du aus deinem Stutzen getan! Hast ihn nicht einmal geputzt und hergerichtet, weißt nicht, ob er geht! Jörg! Jörg! Es trifft auch dich, wenn die Feinde kommen! Oder möchtest du an deiner Heimat zum Verräter werden? Dann gehörst du auf der Stell mit einem Prügel erschlagen!« Er gab dem Burschen das Gewehr in die Hand: »Sei also ein Mann! Stell dich jetzt ein paar Stunden hinaus, dass du's Schießen lernst, und mach unserem Hof wenigstens da keine Schande!«

Diese Maßregelung vertrug der Jörg schlecht, weil er schon ohnedies bis zum Äußersten gereizt war. Er wechselte die Farbe, verzog den Mund, riss dann dem Alten die Flinte aus der Hand und warf sie ihm krachend vor die Füße: »Lass mich in Ruh mit dem Gelump! Kein Schuss will ich draus tun, so lange ich nicht weiß, wozu!«

Der Klausenbauer war wie zu Stein erstarrt. Sein Gesicht zeigte jetzt keinen Tropfen Blut. »Du weißt nicht, wozu? – Du elender Kerl, du! Dass dich –« Er erhob die Hand und wollte sie dem Jörg ins Gesicht schlagen.

Der aber wich aus, griff nach dem Stutzen am Boden und holte damit aus –

Da flog die Tür auf. Der ältere Sohn kam seinem Vater zu Hilfe, riss dem Tobenden den Stutzen aus der Hand und stieß ihn zurück.

»Hinaus!«, donnerte der Alte. »Verräter, elender! Komm mir nie mehr unter die Augen!«

»Du brauchst mich bloß auszuzahlen, dann hast du vor mir deine Ruh!«, keuchte Jörg.

»Auszahlen? Die Hölle sei dein Erbteil, du Lump, du elender!«

»Du willst mir nicht das geben, was mir zusteht?«

»Hinaus!«

»Wir rechnen schon noch ab miteinander! Vielleicht erst, wenn der Feind da ist!«

Da packte der Ältere ihn beim Schopf und warf ihn zum Haus hinaus.

7

Heinrich Schrund konnte keinen Schlaf finden. Unruhig wälzte er sich in seinem Bett hin und her, sprang oft auf, ging ans Fenster und starrte in die Nacht hinaus. Warum musste es gerade der Jörg sein, der ihm den Weg über den Fuchssteg gewiesen hatte? Den Schmugglerweg? Vielleicht wäre er schon längst ohne große Bedenken aufgebrochen, um endlich sein heimliches Vorhaben auszuführen, wenn ein anderer ihm den Weg verraten hätte. Der Klausen-Jörg war eben ein Mensch, dem man nicht trauen durfte. Er hatte eine leise Ahnung, dass man ihn in eine Falle locken wollte. Oder war es doch nur ein eifersüchtiges Trachten, ihn wieder aus dem Schwarztann fortzubringen, wo er ihm in den Bemühungen um die Barbara im Wege war?

Wenn es ihm wirklich glückte, den Fuchssteg zu finden, dann war er allerdings bald draußen aus dem Schwarztann ... aber nur für wenige Tage, weil er auf dem schnellsten Wege wieder zurückeilen wollte, um daheim zu sein, wenn der Sturm doch losbrechen sollte. Das konnte schließlich kein Verrat sein! Freilich war ihm durch die Sondergesetze verboten, das Tal auch nur für wenige Tage zu verlassen. Aber sein Gewissen war rein, er handelte ja nicht aus Feigheit, sondern hatte den besten Willen, wieder da zu sein, wenn die Feinde kamen. Er konnte und durfte die Frau, die in Chur auf ihn wartete, nicht länger im Dunkeln lassen. Es sah ja schon so aus, als wäre er ihr durchgegangen. Er musste also hinüber über die schwarzen Berge, auch wenn es auf einem Weg geschah, den der Jörg ihm verraten hatte. Auf einem Schmugglersteig! War das Fahnenflucht? Nein! Tausendmal nein! Jeder andere hätte an seiner Stelle ebenso handeln müssen, weil es ja keinen anderen Ausweg gab. Was war da noch lange zu überlegen?

Als sich die erste Tagesröte zeigte, stand sein Entschluss fest. Hastig packte er seinen Rucksack und rüstete sich für einen Marsch nach Chur. Noch einmal warf er einen Blick durchs Fenster hinüber zum Klimmsteig. Alles war dort noch so wie gestern, und so würde es sicher auch morgen noch sein – und übermorgen konnte er ja wieder zurück sein. Dann vermochte man ruhigeren Gemütes zu warten, bis der Feind sich an den Felstoren zeigte.

Es war noch dunkel, als er in die Stube hinabging. Seine Schwestern waren bereits bei der Arbeit. Hilde hantierte in der Küche, und Gertrud kam eben mit einem Melkkübel vom Stall herüber. Er rief die beiden in die Stube.

Sie musterten neugierig den Rucksack, den er auf den Tisch gelegt hatte, so sehr er sich auch zur Ruhe zwang, es entging ihnen doch nicht, dass er bei allem, was er tat, eine nervöse Hast zeigte. Während er in seinen Taschen herumkramte, setzte er ihnen auseinander, dass er heute zum Breitjöchler aufsteige, vielleicht auch noch ein Stück weiter, es ließe sich ja nicht sagen, wie weit er komme. Im Scheibenhoferschen Wald dort droben sei jedenfalls schon lange nicht mehr nachgeschaut worden, und so wolle er auch einmal in diesem Gebiet nach dem Rechten sehen, damit man gegebenenfalls im Herbst Holz schlagen könnte. Es könne aber ein paar Tage dauern, bis er zurückkäme, doch sie wüssten ja dann, wo er sich aufhalte, falls man ihn brauchte. In den Nächten gedenke er in der Brentenhütte zu bleiben. – Er gab ihnen noch einige Anweisungen, was an den nächsten Tagen zu tun sei, dann schnallte er den Rucksack um und verließ das Haus.

Die Schwestern schauten ihm verwundert nach, während er gegen das Gebirge anstieg. »Was er bloß hat?«, fragte Hilde.

»Was soll er denn haben? Seit er Scheibenhofer ist, wird er jeden Tag stolzer! Lass ihn springen, das vergeht ihm schon noch, auf dem Breitjöchler Holz schlagen!«

Heinrich stieg rasch den Wäldern zu, um außer Sicht zu sein, wenn der Tag kam. Früher war er oft in den Bergen herumgeklettert, er hatte sich überall gut ausgekannt, auch dort, wo es keine Wege mehr gab. Aber in den fünf Jahren seiner Abwesenheit hatte sich vieles verändert, weil Felslawinen niedergegangen und die Junghölzer herangewachsen waren.

Unermüdlich stieg er Stunde um Stunde, als die ersten Sonnenstrahlen ins Tal fielen, hatte er die Daxenhütte erreicht, eine kleine Blockhütte, in der die Holzhacker bei Unwetter Unterschlupf suchten.

Er gönnte sich hier noch keine Rast, sondern stieg gleich dem Breitjöchler zu, über den der Weg zu der höher gelegenen Brentenhütte führte, die dem gleichen Zweck diente wie die Daxenhütte.

Der Aufstieg wurde schwieriger, je höher er kam, und als die Wälder aufhörten, musste er alle Kräfte zusammennehmen.

Endlich gelangte er zur Brentenhütte. Es war nun höchste Zeit, ein wenig zu rasten, er hatte ja noch einen weiten Weg vor sich und einen gefährlichen Aufstieg. Erschöpft ging er auf die Hütte zu, stieß die niedrige Tür auf und trat ein. Eine angenehme Kühle kam ihm entgegen, als er die kleinen Fenster auf beiden Seiten öffnete. Dann warf er den Rucksack ab, riss das Hemd auf und ließ sich auf einer langen, roh gezimmerten Bank zur Rast nieder.

Seine Augen suchten den Raum ab nach menschlichen Spuren. Aber er fand nichts, es war wohl schon lange niemand mehr hier gewesen. Da entdeckte er am Boden einen blinkenden Metallknopf, wie die Grenzer sie an ihren Uniformen trugen. Sollte etwa ... Doch der Knopf konnte ja schon monatelang da liegen. So suchte er sich zu beruhigen, aber die Zeit lag wohl weit zurück, in der die Schmuggler hier ihr Unwesen trieben. Was hatten die Grenzer hier noch zu tun?

So kam der Abend. Heinrich machte sich nun an den Aufstieg über die glatte Wand. Es war ein gefährliches Stück Arbeit, aber es gelang. Schrittweise klomm er höher und höher, hinauf bis zum Grat der Gottesackerberge. Als er den Kamm erreicht hatte, war die Sonne am Sinken. Aus tiefen Mulden leuchtete der Firnschnee. Ein eiskalter Wind blies über den Grat.

Jetzt hielt er sich links. Immer größere Schwierigkeiten stellten sich ihm in den Weg, schmale Felsgrate, die er nur im Reitsitz überwinden konnte, raue Karfelder, breite, tiefe Spalten. Verzweifelt kämpfte er sich vorwärts, denn ehe die Nacht kam, musste er über dem Fuchssteg sein. Der Fuchssteg! Wenn es ihn wirklich gab! Wie konnte er denn so blind einem Menschen wie dem Klausen-Jörg vertrauen! Es musste die Verzweiflung gewesen sein, die ihn so kopflos gemacht hatte. Aber jetzt war er schon so weit. Weiter! Weiter!

Und plötzlich stieß er einen lauten Ruf der Freude aus: Er kam jetzt an einen breiten Felsspalt, und die Schlucht wurde wirklich enger. Sollte er dem Jörg doch Unrecht getan haben? Hier glückte es ihm auch das erste Mal, einen Blick auf die andere Seite des Gebirges zu tun: Der Abstieg konnte nicht allzu schwer sein. Jetzt brauchte er wirklich nur noch den Steg, der über den Felsspalt führte. Eine solche Spannung bemächtigte sich nun seiner, dass er beinahe die nötige Vorsicht außer Acht gelassen hätte, aber im rechten Augenblick fiel ihm doch noch ein, dass der Steig, wo er sich befand, ein Schmugglerweg war.

Rasch riss er den Rucksack herunter und holte eine kleine Dose hervor. Sie enthielt trockenen Ruß, an alles hatte er gedacht. Damit schwärzte er nach Schmugglerart sein Gesicht, falls es doch noch zu unliebsamen Überraschungen kommen sollte. Die Hauptsache war, dass ihn niemand erkannte, denn aufhalten konnte ihn jetzt selbst der Teufel nicht mehr. Das stand fest.

Mühsam stieg er weiter. Dann und wann blieb er stehen und horchte in die Stille. Nichts rührte sich. Immer enger wurde der Spalt, der ihn jetzt noch von der Außenwelt trennte. Es fing an zu dämmern. Nun konnte er doch nicht mehr so weit davon entfernt sein, denn der Spalt war hier nicht mehr viel breiter als vier Meter. Dann stieß er auf ein dichtes Latschengestrüpp, das sich an einem steilen Abhang heraufzog und auch die Höhe überwucherte. Darauf entdeckte er ihn. Ja, er war es, der Fuchssteg! Ein schmaler Streifen lag über dem dunklen Felsspalt. Es gab ihn also wirklich, diesen Steg!

An allen Gliedern vor Aufregung zitternd, tastete er sich leise durch die Latschen. Nun kam der große Augenblick, wo er den verbotenen Schritt tat. Da stand er schon vor dem schmalen Steg, vor den rohen Balken, die über die schwarze Tiefe führten. Nur noch ein paar Schritte war er davon entfernt.

»Halt!«, schrie da plötzlich eine Stimme, und aus den Latschen tauchte eine Gestalt auf, das Gewehr im Anschlag: ein Grenzer.

Verrat! Das Blut schoss Heinrich in den Kopf.

»Vorwärts!«, befahl der Mann und zwang ihn zum Rückweg.

Was tun? Sollte er sich als Schmuggler abführen lassen? Oder konnte er dem Mann die Wahrheit sagen? Ob er ihm aber glaubte? Sein geschwärztes Gesicht bezeugte doch, dass er sich auf verbotenen Wegen befand. Ja, wenn der Schwarztann davon erfuhr, die Freien vom Freital, in deren Reihe er gehörte, der Schultheiß, dass er, der Scheibenhofer, auf einem Schmugglerweg mit geschwärztem Gesicht aus der Heimat entweichen wollte ... Er wusste, wie man ihm diese Tat auslegen würde: In ihren Augen war er eben ein Verräter, ein meineidiger Schurke!

Und in Chur bangte eine Frau um ihn, wartete voll Angst und Sorge auf seine Rückkunft, Tag um Tag. Da packte ihn eine wilde Verzweiflung, und ohne seine Tat auch einen Augenblick lang zu überlegen, fiel er plötzlich dem Grenzer in die Arme. Ein Schuss krachte, aber er traf ins Leere – dann ein kurzes, verzweifeltes Ringen – im nächsten Moment stürzte ein Mann in die Tiefe ...

Heinrich stand da und schaute so wild um sich, als würde er von allen Seiten angegriffen. Aber es war jetzt wieder so still um ihn, so furchtbar still ... Seine Verzweiflung war so groß, dass er im ersten Augenblick die Tat, die er da auf sein Gewissen geladen hatte, gar nicht ihrer Schwere nach erfasste. Jetzt war der Weg frei! Frei! Das war der einzige Gedanke, der ihn beherrschte. Fort!

Vorsichtig schlüpfte er aus den Latschen und sprang über den Fuchssteg. Noch einmal blieb er stehen und hielt den Atem an. Ihm war, als hätte er ein Lachen gehört, ein höhnisches Gelächter. Oder war es nur eine Täuschung der aufgebrachten Sinne? Nein, wieder erscholl das höhnische, teuflische Lachen, wie er es bis heute nur vom Klausen-Jörg gehört hatte. Gleichsam von bösen Geistern verfolgt, sprang er über die Felsen hinab ins jenseitige Tal.

Fast zur gleichen Stunde als Heinrich Schrund über den Fuchssteg die Heimat verließ, gab es am Klimmsteig einen Zwischenfall. Die Wache, die verborgen hinter der Felsschanze lag, vernahm Schritte, die sich der Schlucht näherten. Den Männern fuhr es wie ein Donnerschlag in die Knochen: Die Stutzen flogen an die Wangen, auf den Gesichtern lag Spannung, und die Augen waren erwartungsvoll auf den Engpass gerichtet, auf dem schon der Nachtschatten lag.

Immer deutlicher wurden die Schritte. War es ein Kundschafter des Feindes? Dann, armer Mann, wäre für dein Leben nicht mehr viel zu geben, denn die Kugeln aus den Stutzen der Schwarztannler waren gewöhnt, ihr Ziel zu treffen.

Jeden Augenblick musste jetzt der Ankömmling um die Ecke biegen. Die Spannung wuchs. Da war er schon da, aber es war kein Soldat, wie man erwartet hatte, sondern eine schlanke, schmächtige Frau.

Die Spannung löste sich und machte einer allgemeinen Verwunderung Platz.

Die Fremde hatte die Schlucht erreicht, blieb erschrocken stehen und schaute sich ratlos um.

»Wer da?«, rief jetzt eine Stimme aus dem Verborgenen.

Der unerwartete Anruf ließ die Fremde zusammenfahren, dann wandte sie sich in die Richtung des unsichtbaren Rufers und antwortete.

Aber sie wurde nicht gleich verstanden und musste ihre Antwort einige Male wiederholen.

Endlich sprang einer auf, ging bis zur Schlucht vor, wo er mit der Fremden sprach. Dann kam er zurück und berichtete, es sei eine fremde Frau, die in den Schwarztann wolle. Da sie von weither komme und etwas sehr Wichtiges zu tun habe, müsste man ihr wohl den Zugang gewähren.

Davon wollten die anderen nichts wissen, bevor man vom Schultheiß nicht die Erlaubnis eingeholt hätte.

»Das ist unmöglich! Wir dürfen die Frau nicht so lange da draußen stehen lassen«, ereiferte sich der Erste. Als die anderen immer noch nicht einverstanden waren, fügte er entschlossen hinzu: »Dann geschieht es eben auf meine Verantwortung!« Es war der Schulmeister, der so sprach.

Jetzt krochen auch die Übrigen aus ihrem Versteck hervor, und eilig wurde eine schmale Notbrücke über die Schlucht geschlagen, auf der die junge Frau vom Schulmeister selbst herübergeholt wurde.

»Unsere Losung ist: Hie gut Schwarztann allweg! Falls Sie von den nächsten Gliedern der Wache aufgehalten werden sollten«, klärte er sie höflich auf. »Ich hätte Sie gern in den Schwarztann geführt, aber es ist mir nicht erlaubt, meinen Posten zu verlassen!«, setzte er ritterlich hinzu und schaute bewundernd in das schöne Gesicht der Fremden.

Die Frau blickte scheu um sich, als fürchte sie sich, allein einen weiteren Schritt in das unbekannte Tal zu tun. Ihre Züge waren müde, um die Mundwinkel ging ein leises Zucken, als ob sie mühsam das Weinen verhielte. Dann schaute sie vertrauensvoll zu ihm auf: »Und wenn ich hier auf Ihre Ablösung warte?«

»Wenn Sie sich bei uns nicht fürchten? Wir haben Krieg!«

»Nein, ich habe keine Angst!«

Unterdessen war die Notbrücke wieder abgebrochen worden. Die Wache verkroch sich abermals hinter die Schanze, und bald war alles wieder so wie vorher.

Als die Ablösung kam, war schon tiefe Nacht. Langsam und müde wanderte die fremde Frau an der Seite des Schulmeisters hinein in das Freital.

»Heinrich Schrund ist nicht bei der Wache?«, fragte sie leise.

»Nein, die Wache wird nur von Leuten gestellt, deren Anwesenheit daheim nicht unbedingt erforderlich ist. Die Arbeit ist zurzeit bei uns sehr drängend.«

»Das heißt also, dass Heinrich Schrund von zu Hause nicht abkömmlich ist?«

»Ja, wenigstens nicht mehr so recht.«

»Ist er krank?«

»Nein.«

Auf das Gesicht der jungen Frau legte sich wieder die Trauer, um den Mund ging ein leises Zucken. Er sah das nicht. »Kennen Sie Heinrich Schrund?«, fragte er nach einer Weile ganz beiläufig.

»Seit einigen Jahren.«

»Sie kommen von Chur?«

»Ja.«

Wieder gingen sie längere Zeit still nebeneinander her. Aus diesem Schweigen heraus fing der Schulmeister dann an zu erzählen: »Seit die Revolutionsheere die deutschen Lande überschwemmen, ist das Leben in unseren friedlichen Bergtälern recht unruhig geworden. Man muss immer damit rechnen, dass eines Tages ein marodierender Soldatenhaufen das Dorf überfällt, in letzter Zeit hat sich die Lage sogar noch verschlechtert, dass man sich auch bei uns allen

Ernstes kriegsbereit machen musste: Sondergesetze wurden erlassen, und der Landsturm ist aufgeboten worden. Täglich, ja stündlich erwarten wir einen Zwischenfall. Heinrich Schrund hat es zeitlich also mit seiner Heimkehr sehr schlecht getroffen. Er ist eben auch ein Sohn des Schwarztanns und bei seiner Ehre verpflichtet, das Schicksal seiner Heimat zu teilen. Wie er selbst darüber denkt, lässt sich nicht mit Bestimmtheit sagen. Manchmal macht er den Eindruck, als wollte er sich allein gegen den Feind werfen, ein andermal wieder zeigt er eine solche Bedrücktheit und Gleichgültigkeit – oder hat er Heimweh nach der großen Welt? –, dass man Zweifel darüber hegen muss, wohin er eigentlich gehört: in den Schwarztann oder nach Chur –«

»Er gehört nach Chur!«, unterbrach die Frau ihn hier leidenschaftlich.

Der Schulmeister horchte auf. »Sie meinen wohl deshalb, weil er dort zum Künstler geworden ist?«, fragte er ruhig, schüttelte aber dann den Kopf: »Ich glaube, Sie täuschen sich: Heinrich Schrund gehört in den Schwarztann!«

»Vielleicht jetzt, über die Tage der Kriegsnot.«

»Nein, für alle Zeiten!«

»Nein!«, schrie die Frau verzweifelt auf, als müsste sie sich gegen Fesseln wehren, die schon um ihre Glieder lagen.

Sie waren stehen geblieben.

»Wenn Sie es besser wissen«, sagte der Schulmeister mit großer Ruhe. »Ich weiß ja nicht, in welchem Verhältnis Sie zu ihm stehen.«

»In einem sehr nahen: Ich bin seine Frau!«

Das hatte der Schulmeister nicht erwartet. Er trat einen Schritt zurück und starrte sie an.

»Ist das so furchtbar?«

Er antwortete nicht, sondern sah grübelnd vor sich nieder.

Das beunruhigte die Frau. »So reden Sie doch!«

»Was soll ich sagen?«

»Was ist mit Heinrich Schrund?«

»Er ist gesund und wohlauf.«

Sie merkte, dass er ihr auswich, und schaute so mutlos drein, als hätte sie von nirgends her mehr eine Hilfe zu erwarten. Allmählich stiegen ihr Tränen in die Augen, und mit zitternder Stimme erzählte sie: »Es ist nun bald ein Jahr, dass ich seine Frau geworden bin. Ich habe gewusst, dass er ein Sohn des Schwarztanns ist, und ich heiratete ihn auch als solchen. Wir waren sehr glücklich. Sein Name bekam einen immer besseren Ruf, seine Erfolge mehrten sich. Bis die Nachricht vom Tode seines Vaters ihn erreichte, von da an war es vorbei mit ihm. Er fing an zu grübeln, und ich merkte gar bald, dass es nicht mehr allein der Tod des Vaters war, was ihn so verändert hatte. Aber so viel ich ihn bat, mich an seinem Kummer teilnehmen zu lassen: Er schwieg! Eines Tages packte er seinen Ranzen und eilte in seine Heimat, obwohl das Begräbnis seines Vaters schon Wochen zurücklag. Er versprach mir, in wenigen Tagen wieder in Chur zu sein, aber er kam nicht, keine Nachricht, keine Kunde über sein unerklärliches Ausbleiben erhielt ich. Ich hielt es jetzt nicht mehr länger zu Hause aus. Es hätte ihm ja auch etwas zugestoßen sein können!«

»Es wäre besser, wenn Sie jetzt nicht zu uns gekommen wären«, sagte er düster. »Man weiß hier nicht, dass Heinrich Schrund verheiratet ist. Es gibt bei uns im Schwarztann viele ungeschriebene Gesetze, die schon sehr alt sind und sich von Geschlecht zu Geschlecht vererben. Jeder ist ihnen unterworfen, ob sie nun zu seinem Glück oder Unglück sind: So auch Heinrich Schrund. Kraft eines solchen Gesetzes ist er zum Scheibenhofer geworden!«

»Zum Scheibenhofer? Was heißt das?«, fragte sie ahnungsvoll.

»Er hat den Hof seines Vaters übernommen oder, wie in diesem Fall, übernehmen müssen!«

»Er ist Bauer?«

»Jawohl!«

»Und seine Kunst?«

»Danach fragt man hier nicht. Er ist der einzige Sohn des toten Scheibenhofers.«

»Aber das geht doch nicht! Wissen Sie, welchen Ruf sein Name in Chur hat?«, schrie sie verzweifelt. »Er ist kein Bauer, sondern ein Bildhauer! Wer sollte ihn hier gegen seinen Willen festhalten können?«

»Der Schwur! Schwüre sind dem Schwarztann heilig!«

Sie stand wie vernichtet da, dann brach sie in Tränen aus. »Was soll ich denn nur tun?«, rief sie ratlos.

»Schweigen müssen Sie! Es darf hier niemand wissen, dass Sie seine Frau sind. Er ist jetzt ein Freier vom Freital, und es ist mir nicht möglich, Ihnen klar zu machen, was das heißt. Er hätte nicht ohne Einwilligung seines Vaters oder zum Mindesten des Schultheißen heiraten dürfen. Warten Sie also ab, bis die Gemüter sich wieder etwas beruhigt haben!«

»Und Sie? Wie denken Sie selbst darüber?«

»Ich? Ich bin kein Schwarztannler, sondern nur Schulmeister im Schwarztann. Es war ein glücklicher Zufall, dass ich gerade zu dieser Stunde auf Wache war. Ein glücklicher Umstand, glauben Sie mir!«

»Und jetzt?«

»Kommen Sie mit, ich will Sie führen. Sehen Sie das düstere Haus dort oben? Das ist der Scheibenhof. Meiden Sie ihn! Sie würden Unglück hineintragen. Ich bringe Sie in ein Haus, wo auch Sie vor ihm sicher sind. Kommen Sie!«

Und willenlos folgte sie ihm hinauf zum Wirtshaus »Zur Rabenfluh«.

Ohne weitere Schwierigkeiten hatte Heinrich die Straße jenseits der Berge erreicht. An einer Quelle wusch er den Ruß vom Gesicht und eilte dann weiter, als wären Verfolger hinter ihm her. Allmählich erwachte auf diesem einsamen nächtlichen Weg die Stimme des Gewissens. ›Was hast du getan?‹, fragte sie. – ›Ich habe nur gehandelt, wie tausend andere es an meiner Stelle auch getan hätten!‹ – ›Mörder!‹ Mit einem Ruck blieb er mitten auf der Straße stehen. ›Mörder? – Ich bin keiner!‹ – ›Mit welchem Recht hast du den Mann in die Tiefe gestoßen, der nur seine Pflicht und Schuldigkeit tat? – Weißt du, wie tief er gestürzt ist? Ob er noch lebt? Oder ob er nicht in verzweifelter Todesangst um Hilfe schreit?

Du hast dich nicht mehr um ihn gekümmert, sondern bist in deinem Wahn über ihn hinweggejagt, deinen eigenen Zielen hinterher! Und du willst von anderen Menschlichkeit fordern? Mörder!‹

Er brachte die schreckliche Stimme in seinem Innern nicht mehr zur Ruhe. Immer heftiger wurden die Selbstanklagen, bis er endlich gegen Morgen erschöpft in einer größeren Ortschaft ankam. Hier erreichte er noch einen Wagen, und ohne Verzögerung konnte er seine Reise fortsetzen.

Es war gut so. Er fürchtete sich allmählich vor den Menschen, und einige Male glaubte er bemerkt zu haben, dass man ihn scharf musterte, als wäre die Tat ihm auf die Stirn geschrieben. Deshalb sonderte er sich von seinen Mitreisenden völlig ab, schaute finster und teilnahmslos vor sich hin, fiel dann und wann in einen unruhigen Halbschlaf, aus dem er so plötzlich aufschrak, als hätte er gerade in diesem Augenblick den Grenzer in die Tiefe gestoßen. Dann schaute er scheu um sich, wehrte sich gegen den Schlaf, weil er sich vor den Träumen fürchtete.

Teilnahmslos sah er zu, wenn die Pferde gewechselt wurden. Während die übrigen Reisenden die Fahrtpausen zu einem Imbiss in den Gasthäusern nutzten, blieb er im Wagen hocken, als scheue er sich, unter Menschen zu gehen. Es machte ihm auch keine Freude, wenn die Reise mit neuem Gespann fortgesetzt wurde, denn es war ihm jetzt so gleichgültig, ob er sich nun schneller oder langsamer seinem Ziel näherte. Es war ja doch alles verloren!

In früher Morgenstunde kam er endlich in Chur an. Es war noch sehr ruhig auf den Straßen. Und wenn es anders gewesen wäre, dann hätte er es wohl kaum bemerkt, er hatte mit sich selbst zu tun, und so blieb ihm keine Zeit, sich um seine Umgebung zu kümmern. Er eilte seiner Wohnung zu. Wie an allen Häusern waren auch hier die Fenster noch dunkel. Zaghaft pochte er an die verschlossene Tür, als keine Antwort erfolgte, wurde er heftiger und schlug allmählich so stark an die Tür, dass es im ganzen Haus hallte. Umsonst. Keine Antwort.

Was bedeutete das? Was mochte geschehen sein? Was erwartete ihn hinter dieser verschlossenen Tür? Da packte ihn auch schon wieder eine verzweifelte Angst, er rannte heftig gegen die Tür, bis sie aus den Angeln sprang. Er trat ein und machte Licht. Kein Mensch war da. Er eilte ins Schlafzimmer. Nichts. Die Betten waren unberührt und überall herrschte peinliche Ordnung, als hätte schon lange Zeit niemand mehr in diesen Räumen gehaust. »Wo bist du?«, rief er verzweifelt und rannte von Zimmer zu Zimmer. Keine Antwort.

Dann ging er in seine Werkstatt. Alles war noch so, wie er es verlassen hatte. War überhaupt nach ihm noch jemand in seinen Arbeitsraum gekommen? – »Wo bist du?«, schrie er immer wieder. Dann ließ er sich erschöpft auf einen Stuhl nieder und versuchte zu überlegen. Er hatte geglaubt, dass man ihn hier voll Angst und Sorge zurückerwartete, dass man Tag und Nacht nach ihm Ausschau hielte! Und jetzt ...? Unter welchen Schwierigkeiten hatte er die Reise gemacht! Und nun sollte alles umsonst gewesen sein? Die Tage und Nächte, in denen er sich zu dem Entschluss durchgerungen hatte, sein rastloses Suchen nach einem Weg, dann der mühevolle Aufstieg zum Grat der Gottesackerberge und seine Verzweiflungstat am Fuchssteg: Alles, alles sollte vergeblich gewesen sein? – Zum Verräter war er geworden, vielleicht gar auch – ja, Herrgott! – zum Mörder!

Höhnisch schauten die steinernen Gesichter der halb fertigen Figuren auf ihn nieder. Es war eine furchtbare Erkenntnis: Erbarmungslos hatte das Schicksal ihn aus der Bahn geworfen. Seine Gedanken verstrickten sich immer mehr und glichen einem unentwirrbaren Knäuel, bei dem Anfang und Ende nicht mehr zu finden waren.

Langsam wurde es Tag. Er ging zu einem Handwerksmeister, der die Tür in Ordnung bringen musste. Dann sprach er bei einzelnen Freunden vor. »Sie sind es, Herr Schrund? Mein Gott, wie sehen Sie denn aus?«

»Wo ist meine Frau?«

Überall das gleiche verständnislose Kopfschütteln. Niemand wusste, wo seine Frau war.

Gegen Mittag kam er wieder zu Hause an. Stundenlang hockte er dort und grübelte. Was tun? Er durfte sich hier nicht zu lange aufhalten, musste wieder aufbrechen und auf dem schnellsten Weg in den Schwarztann zurückeilen. Er durfte den Schwur nicht brechen, und wenn es ihn sein Leben kostete! Ja, er war bereit, seine Schuld zu verbüßen, weil es sonst keinen Frieden, kein Glück mehr für ihn gab, auch hier nicht mehr.

Entschlossen stand er auf, zog ein Blatt Papier hervor und begann zu schreiben:

Ich bin im Schwarztann. Wir haben Krieg. Wann ich wiederkomme, weiß ich nicht, weil ich noch eine große Schuld zu sühnen habe, die ich in meiner Verzweiflung auf mich nahm, aber nicht mehr länger ertragen kann. Verzeih mir! Ich habe dich nie mehr geliebt als gerade jetzt in meinem Unglück. Heinrich.

Er legte den Brief in ihr Zimmer, schloss die Türen, und heimlich wie ein Dieb verließ er das Haus und die Stadt.

8

Es war nicht zu umgehen, dass die fremde Frau, die sich in der »Rabenfluh« eingemietet hatte, im Schwarztann einiges Aufsehen erregte, denn eine Reise musste derzeit doch überlegt sein, und wenn schon die Männer davon abließen, um wie viel schwerer und gefahrvoller war es für eine schutzlose Frau. Wie kam die Fremde also dazu, das Freital aufzusuchen? Und was wollte sie hier?

Aber das waren müßige Fragen: Die Frau war nun einmal da und konnte nicht mehr weggeschickt werden. Was sie hier wollte? Es fehlte die Zeit dazu, sich groß darüber die Köpfe zu zerbrechen. Sie hauste zurückgezogen in der »Rabenfluh«, kaum dass sie sich untertags eine Stunde im Freien bewegte.

Konrad Immler, der öfter von Neugier getrieben ihre Gesellschaft suchte, gelang es nie, der schweigsamen Frau auch nur ein Wort zu entlocken, das auf den eigentlichen Zweck ihres ungewöhnlichen Besuches im Schwarztann hätte schließen lassen.

Barbara beobachtete sie scharf und argwöhnisch, ohne eigentlich zu wissen, warum sie's tat. Die fremde Frau sprach fast die gleiche Mundart, wie Heinrich es getan hatte, als er von Chur zurückgekommen war. Das war ihr sofort aufgefallen. Sie glaubte zu spüren, dass sie der gleichen Welt angehörte, in der auch Heinrich sich fünf Jahre lang aufgehalten hatte. Ein paar Mal überraschte sie die Fremde dabei, wie sie angestrengt zum Scheibenhof hinüberschaute, als wollte sie die Menschen erkennen, die dort drüben ein- und ausgingen. Diese Wahrnehmung machte das Mädchen stutzig. Oder war es nur argwöhnische Eifersucht, was sie mehr sehen ließ, als in Wirklichkeit vorhanden war? Noch wagte sie nicht, diese Beobachtung ihrem Vater mitzuteilen. Aber ihre Unruhe wuchs, bis eines Tages die Fremde selbst, für Barbara ganz unerwartet, gerade diese Gedanken zur Sprache brachte.

»Ist der Hof da drüben herrenlos?«

Barbara war zusammengeschreckt. »Der Scheibenhof? Warum?«

»Man sieht dort nur Frauen.«

»Das kann schon sein. Aber es ist auch ein Mann da.«

»Wirklich? Dann ist er vielleicht nicht daheim?«, forschte die Fremde weiter.

»Doch.«

»Merkwürdig! Warum lässt er sich dann nicht sehen? Er ist wohl schon sehr alt?«

»Der alte Scheibenhofer ist tot, jetzt ist der junge drauf. Aber er ist lange in der Welt draußen gewesen und hat noch keine rechte Freud dran.«

»Was hat er denn so lange in der Fremde getan?«

»Er ist Bildhauer geworden.«

»Ein Künstler also? Sie kennen ihn gewiss recht gut, erzählen Sie mir doch von ihm! Wie heißt er, und wo war er?«

Nun konnte Barbara es nicht mehr verhindern, dass sie über und über rot wurde, wie immer, wenn sie sich bei ihrer heimlichen Liebe ertappt glaubte. Sie antwortete also nicht darauf, sondern schlug verschämt die Augen nieder.

Daran erkannte die Frau sogleich, wie es um das Herz des Mädchens bestellt war. »Ah!«, sagte sie und zwang ein Lächeln auf ihr Gesicht. »Ich verstehe schon: Sie sprechen nicht gern über Ihren Nachbarn, weil ... Nun ja, warum soll es im Schwarztann anders sein als überall?«

Barbara antwortete immer noch nicht, aber durch ihr Verhalten gab sie unumwunden zu, wie recht die fremde Frau geraten hatte: ›Sie liebt den jungen Scheibenhofer! Und wie steht es mit Heinrich?‹, fragte sich die fremde Frau. ›Erwidert er diese Liebe?‹ Der Gedanke war wohl dumm und überflüssig, denn das liefe ja seinem aufrechten Wesen zuwider. – Sie grübelte so sehr darüber, sodass sie gar nicht merkte, dass Barbara sich entfernte. So harmlos diese Liebe sein mochte, sie hatte doch etwas Merkwürdiges an sich, dass sie der jungen, fremden Frau nicht mehr aus dem Kopf ging. Als sie mit dem Schulmeister am Abend zusammentraf, brachte sie auch gleich ihre Entdeckung zur Sprache.

Michael Frühauf erzählte ihr die Geschichte dieser Liebe, und zwar mit solcher Wärme, dass man unschwer erkennen konnte, wie fest sich auch sein eigenes Herz darin verstrickt hatte.

»Man hätte das Mädchen auf den Irrtum aufmerksam machen müssen!«, sagte die Frau dann mit leisem Tadel.

»Wer hätte es tun sollen? Heinrich Schrund war bis jetzt der Einzige, der den Irrtum sehen konnte, aber er hat wohl schweigen müssen! Bei der nächsten guten Stunde soll es geschehen. Lassen Sie das meine Sorge sein!«

Damit gab sich die Frau zufrieden. Um diese Angelegenheit aus der Welt zu schaffen, konnte sie sich keinen geeigneteren Menschen denken als diesen Schulmeister.

»Ich war heut im Scheibenhof«, sagte er nach einer Weile.

Sie schaute ihn angstvoll an. »Ich weiß, was Sie sagen wollen: Er ist nicht daheim.«

»Wer hat Ihnen das gesagt?«

»Ich fühle es! Und einmal hätte ich ihn jetzt doch sehen müssen!«

»Ja, Sie haben Recht: Er ist nicht da. Seit vier Tagen befindet er sich im Gebirge, um sich in den Scheibenhoferschen Höhenwäldern umzusehen.«

»Seit vier Tagen? Ist das nicht sehr lange?«

»Ja, das ist sehr lange!«

Sie sprang auf. »Was heißt das? Reden Sie offen! Sie wissen ja ...«

Er legte ihr beschwichtigend die Hand auf den Arm. »Bleiben Sie doch ruhig!«

»Ich sehe Ihnen an, dass Sie ein Unglück befürchten! Warum lässt man nicht nach ihm suchen? Sind die Menschen hier so gleichgültig? So kalt? Glauben Sie, dass ihm etwas zugestoßen ist?«

»Nein!«

»Nicht? Wo soll er sonst sein?«

»In Chur!«

Jetzt schaute sie ihn verstört an und brachte kein Wort hervor.

»Natürlich ist es nur eine Annahme. Ich verstehe jetzt, was mir früher ein Rätsel war. Warten wir bis morgen. Ist er dann zurück, ist meine Annahme vielleicht falsch. Ich könnte mir nicht denken, wo er sonst sein sollte.«

Sie ließ sich auf ihren Stuhl zurückfallen. »Was soll ich denn tun?«

»Nichts. Warten!«

»Bis morgen warten! Das ist zu lange! Es liegt eine ganze Nacht dazwischen! Es kann ihm ja etwas zugestoßen sein!«

»Auch dann wäre es zwecklos, nach ihm zu suchen. Ich vermute, dass er auf geheimen Wegen, die wir nicht kennen, über die Berge gegangen ist, um Ihnen eine Nachricht nach Chur zu bringen. Auf dem gleichen Weg wird er wiederkommen! Bleiben Sie tapfer ... und schweigen Sie!«

Sie mussten das Gespräch abbrechen, denn eben kam Konrad Immler in die Stube und setzte sich zu ihnen.

Sofort nahm der Schulmeister die Unterhaltung mit dem Wirt auf, aber die Frau entfernte sich bald und ging auf ihr Zimmer.

Lange stand sie noch am Fenster ihrer Kammer und schaute über das Tal hin, das Herz voll Angst und Sorge. Schwarze Schatten krochen langsam an den steilen Bergen hinauf, höher und höher, bis auch das letzte Sonnenglimmen auf den felsigen Zinnen erlosch. Von dieser feierlichen Schönheit sah die junge Frau nichts, sie sah nur die dunklen Felskämme, die rings um das Tal herum schroff und drohend zum Himmel emporragten. Schwer legte die

Stille sich ihr aufs Herz. ›Wo bist du?‹, fragte nun auch sie, und in ihrer Angst dachte sie darauf eine entsetzliche Antwort. War es überhaupt möglich, diese Berge zu überschreiten? Er wollte ihr eine Nachricht nach Chur bringen, weil er wusste, dass sie ihn mit Angst und Sorge zurückerwartete. Aber vielleicht war es nur bei einem verzweifelten Versuch geblieben.

In diesem Augenblick wurde im Scheibenhof Licht gemacht. War er vielleicht eben jetzt zurückgekehrt? Und wenn, es lag noch eine ganze Nacht dazwischen, bis sie davon Kenntnis erlangte. Das war zu lange! Hätte der Schulmeister in ihr Herz gesehen, dann wäre ihm klar gewesen, dass er mit seinem »Warten!« Menschenunmögliches von ihr forderte. Wenn sie nun zum Scheibenhof hinüberginge, zu seinen Schwestern? Sie musste ihnen ja nicht gleich sagen, dass sie die Frau sei. Vielleicht konnte sie ihnen auch so ins Herz reden, dass sie unbedingt nach ihrem Bruder suchen müssten, dass man doch nicht von einem Tag auf den anderen warten dürfe, denn es lag ja immer eine Nacht dazwischen, eine lange, furchtbare Nacht!

Allmählich begann sie immer mehr daran zu zweifeln, dass er tatsächlich nach Chur gereist war. Denn wenn es schon keinen Weg über die Berge gab, dann konnte auch die Liebe und die Sehnsucht keinen finden, auch wenn sie noch so groß waren. Damit wuchs auch ihre Angst. Vier Tage! Warum kehrte er denn nicht zurück, wenn es kein Weiterkommen gab? Das war nicht mehr auszuhalten! Es musste etwas geschehen!

Da ging unten eine Tür. Ein Mann ging unter ihrem Fenster vorbei und in die Nacht hinein. Es war der Schulmeister. Einmal wandte er den Kopf zurück und schaute zu ihr hinauf, aber er konnte sie nicht sehen, weil in ihrer Kammer kein Licht brannte. Sollte sie ihn rufen, ihn bitten, ihrem Plan beizupflichten? Nein, nie! Er war bestimmt ein guter und feinsinniger Mensch, dieser Schulmeister von Schwarztann, aber viel zu langsam in seinen Entschlüssen.

Die Gestalt verlor sich in der Nacht. Dumpf verhallten die Schritte in der Stille.

So musste sie eben auf eigene Faust handeln. Es war ja allein ihr Glück, um das es ging. Was hatte sie nach den Bewohnern des Schwarztanns zu fragen! Sie war niemandem Rechenschaft schuldig!

Entschlossen warf sie ein Tuch um ihre Schultern und verließ das Haus. Die kühle Nachtluft blies ihr ins Gesicht und ließ sie zusammenschauern. Rasch ging sie dem Scheibenhof zu.

Die beiden Frauen vom Scheibenhof horchten verwundert auf, als zu so ungewöhnlicher Stunde noch an die Haustür geklopft wurde. Heinrich konnte es nicht sein, der wusste ja, wo der Schlüssel lag. Oder sollte sich im Klimmsteig etwas ereignet haben, dass man die Männer unter die Waffen rief?

Gertrud ging zur Haustür und sperrte auf. Ihr Staunen wurde noch größer, als sie in diesem späten Gast eine fremde Frau erkannte, die angstvoll darauf zu warten schien, dass Gertrud nach Wunsch und Begehr fragte. Aber Gertrud fragte nichts. Sie verschanzte sich hinter eine stumme Abweisung, als hätte sie mit Fremden schon üble Erfahrungen gemacht, die sie zur Vorsicht gemahnten.

»Verzeihen Sie die späte Störung!«, begann endlich die junge Frau. »Ich wohne drüben im Gasthaus, und ich wollte nur etwas fragen –« Sie brach ab.

Es war nicht zu erkennen, ob Gertrud überhaupt etwas verstanden hatte.

»Ich kenne Heinrich Schrund«, fuhr die Fremde fort.

Diese Worte hatte Gertrud aufgefasst. »Der ist jetzt grad nicht da«, sagte sie kurz.

»Er ist noch nicht da?« Aus dieser Frage sprach so viel Angst, dass sogar Gertrud überrascht aufhorchte und es geschehen ließ, dass die Fremde unaufgefordert an ihr vorbei in den Hauseingang trat. Ihre Neugier war erwacht. Rasch schloss sie die Tür und führte den Gast in die Stube.

Jetzt, unter dem Schein der Lampe, war es doch leichter, die Fremde zu mustern. Und das taten sie gründlich, beide, Gertrud und Hilde ...

Die Frau merkte davon nichts. Sie nahm auf dem Stuhl Platz, der ihr angeboten wurde. Ihre Sorge um den Verschollenen drängte alles andere zurück. Sie dachte jetzt nicht daran, dass sie inmitten des Schwarztanns saß, in einer düsteren, drückenden Bauernstube, dass die beiden misstrauischen Frauen die Schwestern ihres Mannes waren. Sie dachte jetzt nur an den Heinrich, den sie kannte und liebte, nicht an den Scheibenhofer, sondern an den Bildhauer, der, dem Drange seines Herzens folgend, sich einen

Weg über die wilden Berge erzwingen wollte und vielleicht – der Himmel mag es verhüten! – in diesem Kampf unterlegen war.

Aus diesen kummervollen Gedanken heraus begann sie zu sprechen, ohne sich um die neugierigen, verwunderten Gesichter zu kümmern und ohne aus ihrer Angst um den Verschollenen ein Hehl zu machen. Sie hätte gehört, dass Heinrich Schrund vor vier Tagen in die Berge gegangen sei. Das komme ihr schon sehr lange vor! Ob sie denn nicht besorgt wären, dass ihm etwas zugestoßen sein könnte?

»Bei uns denkt man nicht gleich an ein Unglück«, entgegnete Gertrud kalt.

Jetzt schaute die junge Frau erstmals genauer auf die Gesichter hin, und sofort war sie sich klar darüber, was hier im Scheibenhof fehlte: menschliche Wärme und Liebe. Es waren eben nur Stiefschwestern, die sich vielleicht durch den jungen Bruder in ihrem Erbe betrogen sahen. So viel Kälte sprach aus diesen unbeweglichen Gesichtern, als ginge es um irgendeine gleichgültige Sache. Dabei handelte es sich doch um das Leben eines Menschen!

»Warum lassen Sie denn nicht nach ihm suchen?«, stieß sie endlich hervor, mühsam gegen die aufsteigenden Tränen ankämpfend.

»Wir haben ihn bis heut noch nicht gebraucht. Und wenn die Feinde kommen, dann wird man ihn schon holen lassen.«

»Wissen Sie denn, wo er ist?«

»Ja, auf dem Breitjöchler.«

»Ist es denn so schwer, einmal nach ihm zu schauen?«

»Ja. Und von uns tät er's nicht leiden. Wir warten noch bis morgen oder übermorgen.«

Jetzt fing sie an zu bereuen, dass sie überhaupt im Scheibenhof angeklopft hatte, denn sie sah ein: Es war unmöglich, zu den Herzen dieser Frauen zu gelangen, wenn sie überhaupt eines hatten. Hätte sie doch auf den Schulmeister gehört, der die Bewohner des Schwarztanns besser kannte! Was hatte sie jetzt erreicht? Ihre Neugier war geweckt, denn sicher rieten die beiden nun daran herum, was sie mit der Angelegenheit des Scheibenhofes zu tun hatte, wenn man ihnen auch nichts anmerkte. Sie ahnte, dass sie schon lange einen Verdacht schöpften, der sich im Zusammenleben der drei Geschwister böse auswirken könnte. Sie musste befürchten, dass sie Heinrich durch ihr Erscheinen Unfrieden ins Haus gebracht hatte. Deshalb beschloss sie, ihren Spekulationen zuvorzukommen.

»Ich habe Heinrich Schrund in Chur kennen und schätzen gelernt«, erklärte sie dann. »Durch einen Zufall habe ich erfahren, dass er heute im Schwarztann lebt und Herr des Scheibenhofes geworden ist.«

Die Frauen gaben keine Antwort.

»Meinen Sie, dass er heut noch kommt?«, fragte sie dann.

»Wir wissen's nicht.«

»Und wenn er morgen oder übermorgen noch nicht da ist?«

»Dann müssen wir es dem Schultheiß sagen, es darf jetzt keiner vom Schwarztann fort!«

»Sie meinen, dass er den Schwarztann verlassen hat? Heimlich fort ist? Aber an ein Unglück denken

Sie nicht! Und wenn er nun doch abgestürzt ist? Es wäre unverantwortlich, wenn man auch nur noch eine Nacht wartete!«

Keine Antwort. Sie vermochte nicht, diese Menschen aus ihrer Starrheit zu bringen. So sann sie weiter auf Worte, überlegte, und es entstand ein langes Schweigen.

Da hob Gertrud plötzlich den Kopf und lauschte hinaus, nahm aber sofort wieder ihre alte Haltung ein und schaute spöttisch auf den Gast hinüber, als wollte sie sich über ihre Angst lustig machen.

Dann sprang auch die Frau vom Stuhl auf und wandte sich nach der Tür, denn jetzt hatte auch sie die Schritte gehört, die sich dem Haus näherten.

Da wurde schon geräuschvoll ein Schlüssel umgedreht, Schritte erklangen auf dem Gang und dann auf der Stiege.

»Er ist's!«, rief die Frau laut und erschrocken, sie hatte ihn sofort an seinem Schritt erkannt.

Gertrud nickte, schaute aber dann forschend in das blasse Gesicht der Fremden.

Droben ging eine Tür, über der Decke erdröhnten noch einige dumpfe Schritte, und dann war alles still.

Auch in der Stube rührte sich nichts, die drei Frauen warteten gespannt darauf, dass er die Treppe wieder herunterkam. Sekunden vergingen, Minuten – aber er kam nicht ...

Gertrud riss die Geduld. Sie stand auf und ging zur Tür.

Die Fremde schaute ihr nach, mit einer stummen Bitte in den Augen, sie konnte nicht reden, vermochte sich nicht von der Stelle zu bewegen, ihre Glieder waren wie gelähmt. Da war Gertrud schon draußen und schritt die Treppe hinauf in die Kammer.

Es war ein qualvolles Warten. Die junge Frau schaute sich scheu in der Stube um und begegnete dabei dem fragenden Blick Hildes, die auf der Ofenbank saß. Einige Augenblicke überlegte sie, ob sie hier bleiben oder sich auf und davon machen sollte. Aber was hätten die Schwestern von ihr und von ihm denken müssen, wenn sie jetzt weggegangen wäre?

Nein, da gab es nichts mehr zu überlegen, das hätte sie vorher tun müssen, bevor sie ihren Weg zum Scheibenhof genommen hatte.

Gertrud kam zurück und setzte sich wortlos wieder zu Hilde auf die Ofenbank. Entweder sah sie den fragenden Blick der jungen Frau nicht, oder sie wollte ihn nicht sehen. Mit verschränkten Armen saß sie nun da, als wollte sie zeigen, wie wenig sie sich um diese Dinge scherte.

Kein Wort fiel zwischen den Frauen, und so konnte man gut die Schritte auf der knarrenden Stiege zählen. Schwer und ohne Hast kamen sie jetzt den Gang vor. Dann ging die Tür auf – und Heinrich trat ein. Das Gesicht war von der Sonne tief gebräunt und von Schweiß und Staub beschmutzt, die Haare fielen wirr durcheinander, über Kinn und Wangen wucherten die Bartstoppeln. Vor allem aber war es das scheue, unstete Flackern der Augen, das ihn so entstellte. Seine Haltung war schlaff und müde.

Die junge Frau war bei diesem unerwarteten Anblick bis in die Seele hinein erschüttert. So hatte sie ihn noch nie gesehen. Sie lehnte sich mit dem Rücken an den Tisch zurück und starrte ihm mit weit aufgerissenen Augen entgegen.

Er war bestürzt an der Tür stehen geblieben und fuhr mit der Hand über Stirn und Augen, als zweifle er an der Echtheit seiner Wahrnehmung. »Katharina! Du?«, rief er endlich. »Du bist hier? Und ich – ich hab dich ...«

»Heinrich!«, unterbrach sie ihn rasch, um zu verhindern, dass er den Satz beendete. Es durfte ja niemand wissen, wo er gewesen war, auch seine eigenen Schwestern nicht.

»Ist's möglich?« Er lief auf sie zu und schloss sie, alles um sich herum vergessend, ungestüm in seine Arme.

Sie wollte sich wehren, vermochte es aber nicht. Das Gefühl ihrer Verbundenheit mit ihm war in diesem Augenblick so stark, dass sie einfach nicht anders konnte, als an seine Brust zu sinken.

Sie konnten lange nicht reden. Das Wiedersehen war für beide so überraschend gekommen, und es war so seltsam, so merkwürdig.

Plötzlich aber machte sie sich aus seiner Umarmung frei und trat erschrocken zurück, denn vom Ofen her war ein Geräusch gekommen. Gertrud war aufgestanden, die Art und Weise, wie sich die beiden Menschen begrüßten, passte ihr nicht.

Nun wurde auch Heinrich sich der Zuschauer bewusst. Über sein Gesicht flog ein Schatten, als er sich nach ihnen umwandte. »Da wundert ihr euch wohl?«, sagte er verlegen. Das Geheimnis war verraten, daran konnte er nichts mehr ändern, und es kam jetzt nur noch darauf an, wie er sich aus der Schlinge zog. »Ja, es ist schon recht so«, fuhr er mit fester Stimme fort. »Warum soll das Glück nicht auch einmal den Weg in den Scheibenhof finden? Man hat mich ja nicht mehr hinauslassen wollen aus dem Schwarztann, und so ist es halt zu mir gekommen! Ich kann und darf es euch nicht mehr länger verbergen: Katharina ist meine Frau! Ich weiß, wie ihr darüber urteilt. Dafür seid ihr eben Schwarztannler. Aber auch ich bin ein Sohn des Schwarztanns, nur habe ich die Welt gesehen, und ich sage euch: Es ist dort so wenig alles schlecht, wie im Schwarztann alles gut ist! Man hat mich nicht gefragt, ob ich Scheibenhofer werden will, und so ist es auch nicht meine Schuld, wenn ich es in den Augen der Schwarztannler zu Unrecht geworden bin!«

Die Schwestern entgegneten nichts. Was hätten sie auch sagen sollen? Die Entscheidung lag ja nicht bei ihnen.

»Ich habe nichts dagegen, wenn ihr die Neuigkeit ins Tal hinuntertragt. Vielleicht habt ihr einen Spaß daran! Aber so lange ich Scheibenhofer bin, soll an der Ehrenhaftigkeit –« Er brach plötzlich ab. Seine Stirn furchte sich, seine Augen wurden wieder unstet. Er sah nicht das überlegene Lächeln in den Gesichtern der Schwestern, nicht den Spott, womit sie ihm anzeigten, dass sie es nicht nötig hätten, sich von ihm eine Standeslehre halten zu lassen.

Erst als die Tür zufiel, erwachte er aus seinem Brüten. Er lief in den Gang hinaus und holte Gertrud an der Stiege ein. Ob sich während seiner Abwesenheit irgendetwas ereignet hätte?

Gertrud schüttelte den Kopf.

»Und die Marodeure?«

Sie habe nichts gehört. Nur der Schulmeister sei einmal da gewesen und hätte nach ihm gefragt.

Er war noch nicht zufrieden und schaute forschend in das verschlossene Gesicht der Schwester. Sonst gebe es gar keine Neuigkeiten? Er meine irgendeinen Zwischenfall, ein Unglück in den Bergen oder Ähnliches?

Gertrud verneinte diese Fragen, konnte aber die Verwunderung über sein rätselhaftes Benehmen nicht verbergen. Er merkte, dass sie stutzig wurde, und winkte rasch ab. Es hätte ja sein können – aber es sei schon gut so. Nach einem kurzen Gutenachtgruß kehrte er in die Stube zurück.

Lange noch saßen in dieser Nacht der junge Scheibenhofer und seine Frau beisammen. Sie hatten sich ja so viel zu erzählen. Er schilderte ihr sein Leben seit dem Tag, an dem er in den Schwarztann zurückgekehrt war, sprach von all den Dingen, die ihn gegen seinen Willen zwischen diesen Bergen festgehalten hatten, vom Testament des Vaters und von den kriegerischen Vorbereitungen im Schwarztann, bis er von Sehnsucht und Verzweiflung getrieben über die Berge geflohen sei, um dann in Chur verschlossene Türen und leere Räume anzutreffen. Alles erzählte er ihr, und aus seiner Stimme sprach wieder die ganze Qual, die er während dieser Zeit erlitten hatte. Nur den Zwischenfall am Fuchssteg verschwieg er.

Dann war es an ihr, ihm von ihrer Angst und Sorge zu berichten. Wie sie Tag um Tag auf ihn gewartet und um ihn gebangt hatte, bis sie dann selbst die Reise in den Schwarztann unternommen hatte. Sie wisse recht gut, dass sie dies nicht hätte tun dürfen, aber das endlose Warten sei nicht mehr länger zu ertragen gewesen. Glücklicherweise habe sie gleich im Klimmsteig den Schulmeister angetroffen, der sich auch ritterlich ihrer angenommen hätte. Der Lehrer sei auch der Einzige, der um ihr Geheimnis wüsste. »Ihm habe ich mein Vertrauen geschenkt, weil ein Mensch, der so gut und edel denkt, auch volles und redliches Zutrauen verdient«, schloss sie ihren Bericht.

Heinrich hatte schweigend zugehört. »Du wohnst in der ›Rabenfluh‹?«, fragte er nach einer Weile. »Kennst du die Tochter des Wirts?«

»Ja. Ich weiß auch, dass sie den jungen Scheibenhofer liebt.«

Jetzt schaute er sie groß an. »Ja«, sagte er dann. »Wir waren früher gute Kameraden, und was bedeuten dem Schwarztannler fünf Jahre? Er wird in zehn Jahren noch genauso denken! Das Mädchen hat mir Leid getan. Ich habe ja schweigen müssen! Doch jetzt soll und muss sie alles erfahren!«

»Das lassen wir den Schulmeister erledigen. Ich glaube, er kann es besser als wir beide.«

Heinrich nickte und verfiel wieder in tiefes Nachdenken.

»Und jetzt?«, fragte er.

»Jetzt? Wir werden den ganzen Schwarztann gegen uns haben. Aber ich fürchte nichts, wenigstens das nicht –« Er brach ab und schaute wieder finster vor sich hin.

»Was hast du?«, fragte sie besorgt. »Du bist müde, Heinrich!« Liebkosend nahm sie seinen Kopf in ihre Hände und streichelte zart über seine wirren Haare. Da entdeckte sie an seinem Hals noch Spuren von dem Ruß, womit er sich die Haut geschwärzt hatte und die bei dem hastigen Abwaschen zurückgeblieben waren. »Was ist das?«, fragte sie und wischte mit dem Finger darüber.

»Ruß.«

»Das machen doch nur Schmuggler!«

»Ich bin ja auch Schmugglerwege gegangen ...«

»Und wenn man dich ertappt hätte?«, fragte sie.

»Ja, was wäre dann geschehen? Hätte ich mich dann abführen lassen sollen wie ein Verbrecher?« Er lachte bitter auf, dass ihr Angst wurde.

»Du hättest zurückfliehen müssen.«

»Und wenn ich mich schon im Garn befand? Wenn ich nicht mehr hätte auskönnen? Was dann? Was würde man im Schwarztann dazu gesagt haben, wenn ich, der Scheibenhofer, ein Freier vom Freital, als Ausreißer vor Gericht gebracht worden wäre?«

»Furchtbar!«, rief sie aus.

»Siehst du! So hab ich auch gedacht, und drum ...«

»Und drum?«

»Nichts. Jetzt bin ich wieder da, und ich hatte nicht erwartet, dass inzwischen das Glück im Scheibenhof eingezogen ist! Glaub mir, ich fühl mich hier nicht zu Hause, sondern eher fremd, und ich habe fast Angst, dass das Glück sich nicht allzu lange in diesen düsteren Räumen halten kann!« Dann fiel er wieder in sein dumpfes Brüten, bis er plötzlich aufstand und mit schweren Schritten durch die Stube wanderte. Auf einmal blieb er vor ihr stehen. »Mag kommen, was will! Du bist bei mir und bleibst auch bei mir! Solange ich Scheibenhofer sein muss, bist du Scheibenhoferin, und wenn sich die Schwarztannler alle auf den Kopf stellen! Es ist schließlich allein unser Glück, um das es geht! Wir müssen beide darauf achten, dass wir es erhalten! Wenn der Weg frei ist, gehen wir wieder nach Chur zurück!«

So war Katharina tatsächlich auf dem Scheibenhof geblieben. Am anderen Tag ließ sie durch den Knecht ihre Sachen von der »Rabenfluh« herüberholen und zog mit Heinrich in das Schlafzimmer ein, das seit dem Tod des Scheibenhofers leergestanden hatte. Freilich war ihr alles fremd und ungewohnt, es fiel ihr unendlich schwer, sich der neuen Lebensweise anzupassen. Zudem zeigten ihr die beiden unguten Schwestern offen ihre Abneigung. Sie gingen ihr überall aus dem Weg, würdigten sie den ganzen Tag über keines Wortes. Sie merkte, dass sie nur unter großer Mühe mit ihren Schmähungen zurückhielten, und es graute ihr jetzt schon vor dem Tag, an dem so viel Hass und solcher Groll zum Ausbruch gelangen könnten. Dennoch war sie glücklich: Sie lebte wieder an der Seite ihres Mannes, durfte ihn trösten und betreuen. Am meisten schmerzte es sie, dass sie zusehen musste, wie er selbst unter diesen Verhältnissen litt. Deshalb kam nie eine Klage über ihre Lippen, um ihn nicht noch mehr zu bedrücken. Sie verließ selten das Haus und ging nie mit Heinrich zusammen fort, um der Bevölkerung keinen Anlass zu Tratschereien zu geben. Sie wusste nicht, wie man im Schwarztann über sie urteilte, hatte selbst noch nichts gehört, und Heinrich sagte ihr nichts. Überhaupt kam er ihr verändert und schweigsam vor, gerade, als trüge er eine schwere Gewissenslast mit sich herum. Aber er klagte nicht, sondern verschloss alles in sich.

Heinrich war mit dem Vorsatz heimgekehrt, sofort zum Schultheiß zu gehen und offen zu gestehen, wie es zu dem Unglück hatte kommen können. Er hatte gesehen, dass es anders keinen Frieden mehr für ihn gab. Aber als er im Schwarztann so unerwartet mit Katharina zusammengetroffen war, wurde er in seinem Entschluss wankend. Er hätte ja mit einem Schlag ihr Zusammensein wieder zerstören müssen und der geliebten Frau einen neuen, noch viel, viel größeren Kummer bereitet. So ließ er sich lieber von der Stimme des Gewissens fried- und freudlos umeinander treiben, verschob das Geständnis und seine Selbstanklage von einem Tag auf den anderen. Es wusste ja kein Mensch etwas von seiner Tat, deshalb lag es ganz allein an ihm, das Ende des Glückes im Scheibenhof herbeizuführen.

Er hörte sich unter den Leuten um, forschte nach dem Grenzer, nur um sein Gewissen von dem unerhörten Druck zu befreien, dass er womöglich einen Menschen getötet hatte. Aber es gelang ihm nicht, irgendetwas zu erfahren. Der Grenzer war nicht da und kein Mensch wusste, wo er sich befand. Sollte er am Ende doch ...? Bei diesem Gedanken stieg es heiß in ihm auf. Dann würde seine Leiche jetzt irgendwo da oben im Felsen liegen, wo vielleicht jahrzehntelang überhaupt nie ein Mensch hinkommen würde. Aber das Gewissen! Wenn das nicht wäre!

Als er am Morgen des zweiten Tages nach seiner Rückkehr das erste Mal das Haus verließ, um auf den Wiesen und Feldern nach dem Rechten zu sehen, ahnte er nicht, dass er von einem Fenster der »Rabenfluh« aus scharf beobachtet wurde. Seit einigen Tagen schon stand dort ein Grenzer in der Amtsstube und ließ den Scheibenhof nicht mehr aus den Augen, so konnte niemand ungesehen dort ein- und ausgehen.

Davon hatte natürlich kein Mensch eine Ahnung, auch die Bewohner des Wirtshauses nicht, denn in aller Heimlichkeit wurde die Schlinge um den jungen Scheibenhofer gelegt, damit er nicht ein zweites Mal dem Arm des Gesetzes entschlüpfte.

Zwischen Konrad Immler und seiner Tochter gab es ein großes Rätselraten. Warum war die Fremde von ihnen fort in den Scheibenhof hinübergezogen? Hatten zwischen Heinrich und ihr einmal Beziehungen bestanden? Barbara erinnerte sich, dass die Fremde großen Anteil an dem jungen Bauern genommen hatte, als sie von ihr erfahren hatte, dass er ein Künstler war. Vielleicht hatte sie mit ihm schon gearbeitet?

Diese Fragen beschäftigten allmählich das ganze Tal. Schade, dass man die Schwestern so schwer zum Reden bringen konnte! Sie hätten vielleicht gewusst, was dahintersteckte. Aber ihre Antwort war nur ein mürrisches Achselzucken, höchstens setzten sie noch dazu: »Wir wollen nicht darüber reden!«

So blieb nur der Schulmeister, der von den Dingen wusste. Barbara war es aufgefallen, dass er wieder jeden Abend bei ihnen einkehrte. Als er von der Umsiedlung der Fremden in den Scheibenhof hörte, hatte er ein erschrockenes Gesicht gemacht und Barbara ein paar Mal so merkwürdig angesehen, dass sie das Gefühl hatte, er wolle ihr etwas sagen. Darum begleitete sie ihn, als er aufbrach, vor die Tür.

Kaum hatte sie die Tür hinter sich zugezogen, trat er ganz nahe an sie heran: »Es kann sein, Barbara, dass in nächster Zeit ganz merkwürdige Dinge im Schwarztann erzählt werden, und deshalb möchte ich dir heute schon einiges sagen, damit du nicht gleich den Kopf verlierst, wenn du von anderen dies oder das zu hören bekommst. Ich weiß ja, wie es um dein Herz bestellt ist, Mädchen, und wie viel der Heinrich dir bedeutet. Nun kann ich dir freilich nicht sagen, was die nächsten Tage und Wochen bringen, aber es wird alles ganz anders kommen, als du es dir gedacht hast. Dann sollst du Heinrich keine Schuld geben, denn er ist als unerfahrener Bursch in die Welt hinausgezogen, ohne sie zu kennen. Er ist mit einem Vogel zu vergleichen, den man aus dem Bauer nimmt und in das Gezweige eines Baumes setzt: Zuerst schaut der Vogel wohl dumm und schüchtern in die fremde Welt, aber dann macht er es bald den anderen Vögeln nach. Wenn man nun den gleichen Vogel nach Jahren wieder in sein Bauer sperrt, so hat er wohl keinen Gefallen mehr an seiner alten Heimat, auch an jenen Dingen nicht, die er früher geliebt hat.«

Mehr sagte er nicht. Für heute sollte es genügen.

Seine Worte verfehlten ihre Wirkung nicht. Barbara schloss in dieser Nacht kein Auge, denn immer wieder musste sie an die Worte des Schulmeisters denken. Sie fing an zu ahnen, was er damit sagen wollte, und diese Ahnung tat bitter, bitter weh.

Es kam aber doch anders, als man erwartet hatte. Alle hatten sich getäuscht, Katharina, der Schulmeister – und sogar Heinrich selbst hatte sich verrechnet.

Es war am frühen Morgen des dritten Tages nach seiner Rückkehr. Da wurde plötzlich heftig an die Haustür des Scheibenhofes geklopft.

Heinrich sprang aus dem Bett und öffnete das Fenster, um nach dem Störenfried Ausschau zu halten. Die Stimme, die ihn anrief, ließ ihn zusammenfahren. Das Blut war ihm aus dem Gesicht gewichen, kaum dass er noch so viel Kraft hatte, sich anzukleiden.

»Wer ist's?«, fragte Katharina ängstlich.

»Ich weiß es nicht.«

»Warum bist du so aufgeregt?«

Er gab ihr keine Antwort, sondern sah sie nur mit einem merkwürdig leeren Blick an. Dann ging er hinaus und öffnete die Tür. Zwei Grenzer standen draußen.

»Sie sind Heinrich Schrund, der Scheibenhofer?«, sagte der eine von den beiden.

»Ja. Was wollen Sie von mir?«

»Kommen Sie mit uns!«

»Wozu?«

»Zu einem Verhör. Sie sind angezeigt worden, als Schmuggler mit geschwärztem Gesicht aus dem Tal geflohen zu sein.«

»Und weiter?«, fragte er ahnungsvoll.

»Sie sind von der Grenzwache ertappt und gestellt worden, haben dann aber Gewalt angewandt und den Grenzer über eine Felswand gestoßen!«

»Verrat!«, hauchte er, denn in diesem Augenblick erinnerte er sich wieder an das teuflische Lachen des Klausen-Jörgs, das er damals gehört zu haben glaubte.

»Das ist ja nicht wahr!«, schrie eine Frauenstimme hinter ihm. Es war Katharina, die ihm nachgegangen war. »Sag es ihnen doch, dass es nicht so ist!«

Er schaute sie ganz wehmütig und mitleidig an. »Ja, so sieht das Glück im Scheibenhof aus!«

»Heinrich! – Das – das hast du getan?«

Da schlug er die Augen nieder. Über sein Gesicht ging ein Zucken. »Ja«, sagte er dann tonlos, ohne sich um die Blicke zu kümmern, die die beiden Grenzer sich jetzt zuwarfen. »Man ist mir nur zuvorgekommen, und das hat mich etwas überrascht, denn eigentlich wollte ich mich selbst stellen, hab es aber von einem Tag auf den anderen verschoben, weil ich dir nicht wehtun wollte. Ich will meine Schuld sühnen, was auch mit mir geschieht. Aber du wirst schwere Tage im Scheibenhof haben! Sei tapfer! Halte dich an den Schulmeister!« Dann wandte er sich entschlossen an die beiden Grenzer: »Gehen wir!«

9

Johannes Aigner, der Schultheiß vom Schwarztann, saß in seiner Amtsstube und wartete ungeduldig auf den Beginn des Verhörs. Sein Gesicht war finster, die Lippen presste er zusammen und die Hände lagen zu Fäusten geballt auf dem Tisch. Hinter ihm saßen zwei Bauern, die Ältesten aus dem Rat der Freien vom Freital, die er zum Beisitz geladen hatte; zwei düstere Gesichter mit schlohweißen Haaren, Sinnbilder der Unbeugsamkeit, Geradlinigkeit und des Rechtes. Stumm saßen sie auf ihren Stühlen.

Auch der Schulmeister war schon da. Er saß auf der anderen Seite des Tisches, mit Akten beschäftigt. Er war heute sehr bleich, seine schreibgewandte Hand wollte ihm nicht wie sonst gehorchen. Das waren ja furchtbare Dinge, die der Schultheiß ihm heute diktierte. Wenn der Alte in kaum verhaltener Erregung aufstand, um durch die Stube zu wandern, legte er die Feder weg, stützte die Hände unter das Kinn und stierte vor sich hin. Sollte das Ende dieses Spieles wirklich so grausam sein?

Es kam so selten vor, dass man sich in der Amtsstube des Schultheißen mit Strafsachen beschäftigen musste, denn die Bewohner des Schwarztanns hatten Achtung vor Recht und Gesetz, es vergingen oft mehrere Jahre, bis einmal einer gegen die straffe Ordnung verstieß und sich eines Verbrechens schuldig machte. Dann waren es meistens nur Zugewanderte oder zufällig Anwesende, aber nie ein geborener Schwarztannler, und erst recht nicht ein Freier vom Freital, ein Herrenbauer aus einem alten Geschlecht.

Die Tat des Scheibenhofers war also nicht mehr nur eine persönliche Schande, sie beschämte alle Schwarztannler und verletzte sie in ihrem angeborenen Rechtsgefühl, weil er dadurch gerade die drei Haupttugenden des Gebirgsvolkes mit Füßen getreten hatte: Treue, Ehre und Pflicht. Man konnte keine Gnade walten lassen, auch wenn die Tat aus Verzweiflung geschehen war.

Mit solchen Gedanken hatte der Schultheiß die Nacht verbracht, nachdem die Grenzer am Abend zuvor bei ihm Anzeige erstattet hatten. Hart fielen die Worte, die er an den Schulmeister und an die Zeugen gerichtet hatte.

Jetzt wartete man auf den Angeklagten, der von den Grenzjägern auf seinem Hof verhaftet wurde.

Dann trat Heinrich Schrund in die Stube, gefolgt von den beiden Grenzern. Sein Gesicht war bleich, aber aus seiner Haltung sprach eine feste Entschlossenheit.

Er hatte sich dieser fluchwürdigen Tat schuldig gemacht und wollte nun auch dafür einstehen. Als er jedoch vor dem Schultheiß stand und in das düstere Gesicht schaute, wusste er auch sofort, warum er sein Geständnis immer wieder aufgeschoben hatte. Nicht die Strafe war es, vor der er sich gefürchtet hatte, sondern die drückende Atmosphäre dieser Amtsstube, wenn man sie als Angeklagter betreten musste. Er erinnerte sich jener Stunde, als er sich zu Beginn der Kriegsratssitzung gefragt hatte, wie es wohl sein müsste, wenn diese Männer des Schwarztanns über einen zu Gericht säßen. Der schreckliche Gedanke von damals war jetzt Wirklichkeit geworden.

Es vergingen noch einige Minuten bangen Schweigens, ehe der Alte sich erhob und mit dem Verhör begann.

»Es ist kein Zufall, dass es im Schwarztann selbst keine Gendarmen gibt. Das Verbrechen ist bei uns nie zu Haus gewesen, und darum hat der Staat es unterlassen, bei uns eine Station zu errichten. Was das Schmugglerwesen betrifft, hat man unter den Schuldigen noch nie einen Schwarztannler verhaftet, sondern bloß immer Fremde. Recht und Gesetz sind heilige Güter, an denen kein rechtschaffener Mensch rührt, darum war auch nie ein Schwarztannler in solch eine Tat verwickelt gewesen, und alle hier empfinden jedes Verbrechen, dessen sich ein Schwarztannler schuldig macht, als große Schande!«

Er machte eine kurze Pause und richtete seinen Blick auf den jungen Bauern. »Heinrich Schrund«, sagte er dann, absichtlich auf den Anruf »Scheibenhofer« verzichtend. »Du weißt, wessen man dich beschuldigt. Ich ermahne dich zur Wahrheit. Mit Lügen hilft sich bloß der Schurke. Gestehst du, dass du mit geschwärztem Gesicht über das Gebirge geflohen bist?«

»Ja.«

»Warum hast du dein Gesicht geschwärzt? Es sind Schmuggler, Wilderer und Lumpen, die sich schwärzen!«

Heinrich antwortete nicht.

»Du bist von der Grenzwache angehalten worden, hast dich aber widersetzt und den Mann über eine Felswand gestoßen!«

Heinrich senkte den Blick. Sein Atem ging jetzt schwer und laut. »Wo ist der Mann?«, fragte er dann.

»Hier!«, sagte einer der beiden Grenzer und trat vor.

»Gott sei Dank!«, rief Heinrich erleichtert. Ihm fielen schwere Steine von der Brust, dem Mann war also nichts passiert. Das war ein herrlicher, unfassbar großer Gedanke, denn von all den furchtbaren Dingen, die in letzter Zeit auf ihn eingestürmt waren, hatte ihm das am meisten zugesetzt. Und jetzt erfuhr er, dass alles ganz anders war, viel heller und lichter.

Er glaubte aus einem schweren Traum zu erwachen, und alles, was um ihn herum geschah, kam ihm jetzt so unwirklich vor, als gehörte es nur noch dem furchtbaren Traum an. Er hörte die Stimme des Schultheißen wie aus weiter Ferne, achtete kaum mehr auf den Sinn seiner Fragen. »Ja, ich gestehe!«, antwortete er, als handle es sich um eine Sache, die ihn nichts anging.

Sein Blick streifte immer wieder den Grenzer, an dem keine Spur des Sturzes zu entdecken war. Er konnte also nicht weit gefallen sein. Vielleicht hatte er sich in der Tiefe der Schlucht getäuscht. Umso besser! Ja, viel, viel besser war es so! So konnte doch wieder die Sonne in sein Leben kommen, Frieden und Glück!

»Ob's nun Schmuggel war oder sonst eine Lumperei, dafür wirst du dich an einer anderen Stelle zu verantworten haben«, sagte der Schultheiß. »Aber der Schwarztann klagt dich an, Heinrich Schrund! Du hast dich über die Berge davongemacht, obwohl es jedem Schwarztannler bei seiner Ehre und seinem Blut verboten ist, die Heimat zu verlassen. Wir haben immer noch Krieg und sind keinen Tag sicher, ob nicht die Feinde bei uns einbrechen. Ich klage dich im Namen des Schwarztanns der Fahnenflucht an!«

Heinrich zuckte zusammen, dann aber hob er den Kopf und schaute dem Schultheiß frei und offen ins Gesicht. »Mit welchem Recht?«

»Du hast dich vier Tage in der Welt draußen aufgehalten, um deine Haut vor den Soldatenkugeln zu retten!«

»Nein!«, rief Heinrich jetzt. »Gott im Himmel sei mein Zeuge, dass ich Tag und Nacht gerannt bin, um so schnell wie möglich wieder daheim zu sein!«

»Was hast du in der Welt zu tun gehabt?«

»Nicht mehr, als was ich ihr schuldig war. Ich weiß, dass man mir im Schwarztann nie glauben wird, dass auch die Welt ein Recht auf mich hat!«

»Wir haben Krieg! Bei uns gibt's jetzt nur eine Pflicht und eine Schuldigkeit: Die Heimat zu schützen!«

»Und das will ich!«

Der Schultheiß ging mit schweren Schritten zweimal die Stube auf und ab. Man merkte, dass er noch etwas anderes zur Sprache bringen wollte. Dann blieb er vor Heinrich stehen.

»Es geht ein übles Gerede im Schwarztann um, man spricht nicht gut über den Scheibenhof, und das mit Recht. Der Scheibenhof war immer ein Anwesen mit hohem Ansehen, es haben allzeit rechtschaffene, sittsame Menschen und Bauern dort gewohnt, solange es steht! Und jetzt soll das anders sein? Es ist noch wenig Gutes von der Welt draußen zu uns kommen, und es ist nicht alles recht, was unsere Burschen heimbringen, aber das ... das –« Er brach ab und zog das Gesicht zusammen, als hätte er eine bittere Medizin geschluckt.

Heinrich ahnte, was man ihm vorwerfen wollte.

»Heinrich Schrund«, begann der Alte wieder. »Hat die Welt dich so verdorben, dass du mit einem fremden Weibsbild im Scheibenhof zusammenlebst? Du brauchst dich nicht wundern, wenn wir alle uns daran stoßen! Was hat die Fremde im Scheibenhof zu suchen?«

»Sie wird solange im Scheibenhof bleiben, solange ich Scheibenhofer bin!«, erwiderte er trotzig.

»Mit welchem Recht?«

»Mit dem gleichen Recht, mit dem meine Mutter darauf gelebt hat!« Er war jetzt ganz bleich geworden. »Die ›Fremde‹, wie Sie sie nennen, ist vor Gott und der Welt meine rechtmäßige Frau!«

Jetzt war es heraus. Der Schultheiß trat einen Schritt zurück, und die beiden Alten erhoben sich von ihren Sitzen.

Einen Augenblick herrschte absolute Stille, dann fing Heinrich an zu erzählen und legte ein offenes Geständnis ab über sein Leben in Chur: »Ich weiß, dass ich als Sohn des Schwarztanns ohne die Einwilligung meines Vaters nicht hätte heiraten dürfen. Aber ich zweifle, ob der Vater mir diese Frau gewährt hätte, obwohl sie gut und edel ist. Ich war damals nicht mehr vom Schwarztann abhängig und habe als freier Künstler gelebt und gearbeitet, deshalb war es mir nie in den Sinn gekommen, dass ich einmal Herr des Scheibenhofes werden könnte. Meine Schwestern haben mehr Recht und Anspruch auf das Erbe. Jetzt bin ich in meine Heimat zurückgekehrt, nur um meinem toten Vater die letzte Ehre zu erweisen, ich habe freilich nicht geahnt, dass ich es mit dem Zeitpunkt meiner Heimkehr so unglücklich antreffen sollte. Länger durfte ich meine Frau nicht ohne Nachricht über mein Verbleiben lassen, und allein darum habe ich das Tal heimlich verlassen. Allerdings war es zu spät, denn an dem gleichen Tag ist meine Frau in den Schwarztann gekommen, um mich zu suchen. Das ist die Wahrheit!«, schloss er. »Trifft mich eine Schuld, dann verurteilt mich. Ich bitte nicht um Gnade, aber um Gerechtigkeit!«

Der Schultheiß biss sich auf die Lippen, die beiden alten Bauern schüttelten die Köpfe, so etwas war ihnen ihr ganzes Leben noch nicht zu Ohren gekommen.

»Es gibt bei uns ein altes Gesetz«, begann dann der Schultheiß, ohne aufzuschauen. »Und das hat große Geltung. Unsere Väter haben darauf geschworen, die Söhne haben den Schwur übernommen. Wer gegen den Willen seines Vaters heiratet, der bricht dem Schwarztann die Treue. Der Scheibenhof steht hier, und es ist uns nicht gleichgültig, welche Frau dort haust. Wir müssen also abwarten, was der Rat der Freien vom Freital über die junge Scheibenhoferin sagt!«

Die beiden alten Bauern nickten zufrieden und setzten sich auf ihre Stühle zurück.

»Zuerst werden wir uns um den Scheibenhofer kümmern müssen!«, fuhr Johannes Aigner düster fort. »Heinrich Schrund, hast du gewusst, dass die Feinde in der Zeit, wo du fortgewesen bist, nicht kommen?«

»Nein.«

»Dann kann ich dich vom Verrat nicht freisprechen! Was geht vor: Die Sorge um die Frau oder um die Heimat?«

Heinrich fühlte, wie ihm das Blut in den Kopf stieg. Aber er schwieg.

»Du bist ein Freier vom Freital, das macht deine Schuld nicht leichter. Wir sind heut in erster Linie Soldaten, und ein Soldat, der fahnenflüchtig wird, hat den Tod verdient! Aber es soll dir dein Recht werden, der Rat der Freien vom Freital soll über deine Schuld entscheiden! Bis dahin sprech ich dir als Schultheiß im Namen des Schwarztanns Freiheit und Ehre ab! Du bist unser Gefangener!«

Heinrich entgegnete kein Wort. Er hatte nichts anderes erwartet. Er musste für seine Tat einstehen. Die Hauptsache war, dass er ein reines Gewissen hatte.

Mochte man ihn als Schurken bezeichnen, er hatte seinen Schwur gehalten, und – was ihn in dieser Stunde am meisten beglückte – er hatte niemandem ernsthaften Schaden zugefügt. Was hatte er also zu befürchten?

Da erhob sich der Schulmeister. Ihre Blicke kreuzten sich und lagen sekundenlang fest ineinander. Dann nickte der Schulmeister leicht, er hatte die stumme Bitte Heinrichs verstanden.

Der Schultheiß schloss das Verhör, und Heinrich folgte willenlos den beiden Grenzern ins Gewahrsam.

Eine Stunde später wanderte Michael Frühauf zum Dorf hinaus und hinein in die Talmulde. Es war höchste Zeit, dass er Barbara die volle Wahrheit sagte, ehe sie ihr entstellt zugetragen wurde. Wenn alle schlecht von ihm dachten, dann durften es wenigstens nicht die tun, die ihn liebten oder einmal geliebt hatten.

10

Die Ermahnung Heinrichs an seine junge Frau, sie möge tapfer sein, war wohlbegründet, denn sie erlebte wirklich schwere Tage im Scheibenhof. Schon gleich am ersten Morgen, kaum dass Heinrich fort war, zeigten die Schwestern spöttische Gesichter. Es war unschwer zu erraten, dass sie hinter dem Fenster ihrer Kammer die Verhaftung beobachtet hatten. Nun glaubten sie das Spiel für sich entschieden zu haben. Der Hof war also wieder ohne Herrn, und nach ihrem Ermessen hatte auch die fremde Frau hier nichts mehr zu suchen, sie war rechtlos geworden und musste gehen. Solche Gedanken las Katharina aus den Blicken, aus dem ganzen Benehmen der beiden. Gertrud hatte die Zügel wieder an sich gerissen. Jetzt war sie wieder die Herrin, und die andere sollte deutlich fühlen, wie überflüssig sie hier war.

Katharina merkte recht gut, was von den beiden beabsichtigt wurde, aber sie ging nicht. Einmal hätte sie nicht gewusst, wohin sie sich wenden sollte, und sie hatte ja keine Freunde hier. Außerdem war der Ausgang aus dem Freital ja gesperrt. Sie konnte also gar nicht fort, und dann durfte sie auch Heinrich und seiner Sache nicht untreu werden. Sie musste abwarten, bis man sah, was mit ihm geschah und ob seine Schuld wirklich so groß war, dass er Ehre, Heimat und Freiheit verlieren sollte.

»Sei tapfer!«, hatte er sie beim Abschied ermahnt, und das wollte sie sein. Noch war sie Herrin vom Scheibenhof! Aber es war nicht leicht, sich unter solchen Umständen zu behaupten. Wenn sie nur gewusst hätte, was mit Heinrich geschehen war! Man hatte ihn nicht mehr frei gelassen, vielleicht war er gar schon verurteilt! Hätte er sich doch nie an dem Grenzer vergriffen! Wenn der Absturz tödlich war, dann würde man ihn ja des Mordes bezichtigen! Nein! So grausam konnte das Schicksal nicht mit ihm spielen, das hatte er nicht verdient!

Zu diesen furchtbaren Gedanken gesellten sich die offenen Feindseligkeiten der Schwestern. Jeden Tag wurden die Schikanen größer. Sie war tapfer und verteidigte die Rechte ihres Mannes, konnte es aber nicht verhindern, dass sie allmählich aus der Küche und aus den übrigen Räumen des Hauses verdrängt wurde und bald nur auf ein Zimmer, auf ihren Schlafraum, beschränkt war. Dabei war es erst ein paar Tage her, seitdem Heinrich aus dem Haus gegangen war. Sie sah jetzt schon, wie weit es kommen musste, wenn sie nicht von irgendeiner Seite her Unterstützung erhielt. Aber wer sollte ihr helfen? Sie musste sich schon allein helfen. Wollte sie aber einmal gegen Gertrud auftreten, dann bekam sie entweder überhaupt keine Antwort, oder sie wurde abgewiesen. »Wir haben dich nicht gerufen!«

Nach einigen Tagen kam der Schulmeister am Scheibenhof vorbei und brachte ihr Grüße von Heinrich. Aber es war nur ein kleiner Lichtstrahl gewesen, der die düsteren Wolken nicht zu durchbrechen vermochte. Schon an dem trüben Lächeln des

Schulmeisters hatte sie erkannt, dass die Dinge ernster waren, als er zugeben wollte. Schließlich gestand er ihr auch, dass Heinrich des Verrats angeklagt sei und dass der Schultheiß selbst die Anklage vertrete. Alles weitere hinge jetzt von einer Gerichtssitzung der Freien vom Freital ab. Er selbst zweifle nicht an Heinrichs Unschuld, doch es sei schwer, diese Menschen, die in Sachen des Rechtes eigensinnig und unbelehrbar seien, zu überzeugen. Sie dürfe deswegen aber nicht den Mut verlieren, schon weil der Grenzer, an dem Heinrich sich vergriffen habe, durch den Absturz keinen Schaden genommen hätte.

Das war die erste Nachricht, die sie von Heinrich erhielt. Sie gab ihr wenigstens den einen Trost, dass er nicht das Leben eines Menschen auf seinem Gewissen hatte. Dass man ihn aber des Verrats beschuldigte, das legte sich schwer auf ihr Herz. Es konnte ihn die Ehre, die Freiheit, ja, sogar das Leben kosten. So war es wenigstens in anderen Ländern, der Schwarztann würde ein solches Vergehen bestimmt nicht milder beurteilen.

Es waren also schwere Tage, die Katharina auf dem Scheibenhof verbringen musste. Die Gehässigkeiten der Schwestern nahmen täglich zu, denn es mochte ihnen allmählich zu lange dauern, die Fremde, die zu keiner richtigen Arbeit zu gebrauchen war, im Haus zu behalten. Sie machten ihr das Leben auf dem Scheibenhof zur Hölle. Wann und wo sie ihnen begegnete, gaben sie ihr deutlich und unmissverständlich zu verstehen, dass sie hier nur im Wege herumstünde und dass sie eine solche Schande über den Scheibenhof gebracht hätte! Oder sie fragten sie, warum sie denn nicht auch jetzt an der Seite ihres Mannes bleibe, nachdem sie ihn schon zum Verräter gemacht habe! Oder sie wurde überhaupt nicht beachtet, und wenn sie im Sterben gelegen hätte, so würde sich gewiss keine Menschenseele um sie gekümmert haben. Dabei war sie die rechtmäßige Frau des Scheibenhofers und von Rechts wegen die Herrin im Hause! Es musste also etwas geschehen, so war das nicht mehr länger zu ertragen.

An einem Abend verließ sie das Haus und nahm ihren Weg hinab zum Schultheißen. Es war dies bestimmt kein leichter Entschluss gewesen, aber immer noch besser, ein hartes Wort der Wahrheit aus dem Mund des Schultheißen zu hören, als noch länger dieses Leben der Ungewissheit in Gesellschaft der beiden gehässigen Frauen zu ertragen.

Das Dorf war leer. Die Leute befanden sich gerade bei der Stallarbeit. Dennoch wagte sie nicht aufzuschauen, als sie der Amtsstube des Schultheiß zuging. Sie trat in den finsteren Hausflur und pochte zaghaft an die Tür, erhielt jedoch keine Antwort. War er nicht daheim? Dann müsste sie ja unverrichteter Dinge wieder durch das Dorf gehen, zum Scheibenhof zurückkehren und abermals eine Nacht und fast einen ganzen Tag warten. Noch einmal pochte sie an die Tür, diesmal kräftiger, rascher und länger.

Da öffnete sich weiter hinten im Flur eine Tür, ein großer Mann kam den Gang vor auf sie zu: aufrecht, mit angemessenen Schritten, den düsteren Blick nicht von ihr lassend. Sie hatte diesen Mann noch nie gesehen, und doch wusste sie sofort, dass es der Schultheiß war, der Schultheiß vom Schwarztann!

Sie trat unwillkürlich einen Schritt zurück und neigte den Kopf zu einem schüchternen Gruß.

Der Schultheiß öffnete die Tür und ließ sie eintreten. Wortlos rückte er einen Stuhl zurecht und wies ihr darauf Platz an, ohne auch nur im Leisesten zu erkennen zu geben, ob und wie ihn der seltsame Besuch berührte.

»Ich bin die Frau Heinrich Schrunds«, begann sie leise und musste sich über den eigentümlichen Klang ihrer Stimme wundern. War es dieser Raum, die Umgebung oder der schweigsame Mann, was sie so seltsam bedrückte?

Der Schultheiß nickte. Er kenne sie schon und könne sich recht gut denken, warum sie zu ihm gekommen sei. Wenn er sie heute noch nicht als Scheibenhoferin begrüße, so hinge dies von der Frage ab, ob sie zu Recht auf dem alten Freihof säße. Ehe man die Sache untersuchen könne, müsste erst die Angelegenheit des Scheibenhofers entschieden sein, der – wie sie ja wisse – unter schwerer Anklage stehe. Er könne ihr also heute noch nicht raten oder helfen. Sie müsse warten.

Sollte das wirklich alles gewesen sein, was sie durch diesen Besuch erreicht haben soll, den sie sich wahrlich lange und gut überlegt hatte? Aber sie wagte es nicht, dem Mann zu widersprechen. Tränen stiegen ihr in die Augen, die in seinem Gesicht vergebens nach irgendeinem Zeichen von Güte und Verständnis suchten, und rannen über ihre bleichen Wangen herab.

Der Schultheiß schien dies zu übersehen, denn mit der gleichen Schärfe in der Stimme fuhr er fort:

Wenn einer der Schwarztannsöhne in die Fremde ziehe, dann lege er immer zuvor einen Schwur ab, der ihn zeitlebens zur Treue verpflichte. Ob sie das gewusst hätte, als sie Heinrich Schrund ihre Hand gereicht habe?

»Ja«, gestand sie offen. »Mir war auch bewusst, dass er der einzige Sohn des Scheibenhofers ist.«

»Er hat den Schwur gebrochen in dem Augenblick schon, als er ohne Wissen seines Vaters in der Welt draußen ein landfremdes Mädchen zur Frau nahm!«

Sie schaute ihn zutiefst erschrocken an, denn diese Worte hatte er ihr so bitter und zornig hingeworfen, als trüge sie die Schuld daran.

Eine Zeit lang war es sehr still in der Stube. Katharina wollte etwas sagen, aber der Schmerz würgte sie in der Kehle. Der Schultheiß sprach jetzt von den Gesetzen des Schwarztanns, die nicht von heute oder von gestern seien, sondern schon von den frühesten Vorfahren kämen, die unter größten Opfern den Schwarztann urbar gemacht hätten. Gerade die Freien vom Freital, die den alten, edlen Geschlechtern entstammten, dürften nicht ohne weiteres ihre Frauen wählen, weil sie allein berufen seien, ihr Geschlecht so zu erhalten und fortzupflanzen, wie es von den Alten begonnen sei: treu, wahr und in der Zeit der Not fest wie Eisen! Ob sie nun verstünde, dass der Schwarztann die heimliche Heirat Heinrich Schrunds missbillige und warum man sie nicht als die Herrin vom Scheibenhof anerkennen könne? Was aus der Geschichte nun werden sollte, darüber würde demnächst der Rat der Freien vom Freital entscheiden. Bis dahin müsste sie sich gedulden! Damit war die Unterredung zu Ende.

Als Katharina aus dem Haus trat, wunderte sie sich, dass es schon Nacht wurde. Ihr Besuch hatte also viel länger gedauert, als sie gerechnet hatte. Wie von einem schweren Traum befangen, ging sie der Straße zu. Dann blieb sie plötzlich stehen und schaute unschlüssig zurück, denn eben war ihr eingefallen, dass sie für Heinrich nicht ein einziges Wort eingelegt hatte, und sie war doch in der Hauptsache deswegen zum Schultheiß gegangen. Sie hatte diesen Mann überzeugen wollen, dass Heinrich unschuldig des Verrats angeklagt worden sei. Aber sie erkannte allmählich, dass hier das Wort allein keine Macht hatte, man musste zur Tat schreiten, wenn man sich behaupten wollte.

Sie schaute sich ratlos um, und da fiel ihr Blick auf die Kirche, die dunkel und düster auf dem Kirchberg stand. Sie lenkte ihre Schritte darauf zu und stieg dann über den Kirchsteig hinauf in den Friedhof. Sie scheute sich, in den Scheibenhof zurückzukehren, und hätte die Nacht lieber hier zugebracht als unter einem Dach mit den beiden Schwestern des Scheibenhofes.

Als die friedliche, wundersame Stille des Gottesackers sie umfing, wurde es ihr ein wenig leichter ums Herz. Sie ging von Grab zu Grab, versuchte, in der Dämmerung die Aufschriften von den Steinen abzulesen, auf der Suche nach der Ruhestatt des alten Scheibenhofers.

Da entdeckte sie einen merkwürdigen Stein, von Künstlerhand behauen, ein düsteres Sinnbild vom

Tod im Schwarztann. Sie wusste sofort, dass es seine Hand war, die den Stein geformt hatte. »Friedrich Schrund.« Das war sein Vater. Was er wohl sagen würde, der alte Bauer, wenn er sie so vor seinem Grab hätte sehen können? Das landfremde Mädchen, dem der Sohn ohne sein Wissen und seine Einwilligung in der Welt draußen die Hand fürs Leben gereicht hatte! Vielleicht würde er jetzt doch milder urteilen, wenn er noch einmal in den Schwarztann zurückkäme, denn als Vater hätte er ja sehen müssen, dass sie seinen Sohn nur glücklich machen wollte und dass es nur der unbeugsame Sinn der Schwarztannler war, der dieses Glück nicht zuließ. Sie mussten beide leiden, er und sie. Ihre Liebe hatte harte Proben zu bestehen, und sollte je eine Schuld auf ihnen gelastet haben, dann war sie reichlich abgebüßt.

Dann war es ihr, als hörte sie den alten Bauern zu ihr sprechen, so, als trüge er ihr, der jungen Scheibenhoferin, verschiedene Dinge auf, wie sie es zu halten habe, um glücklich und zufrieden an der Seite ihres Mannes auf dem alten Freihof leben zu können. Da war es wieder: Taten wollte der Schwarztann, nicht bloß schöne Worte. Taten der Pflicht, wie sie der rechtmäßigen Herrin vom Scheibenhof zufielen. Da fing sie an zu begreifen. Immer weiter öffnete sich ihr der Blick, aber sie sah zu viel auf einmal und konnte bald die einzelnen Dinge nicht mehr voneinander unterscheiden.

Vielleicht wäre sie heute doch noch auf das Geheimnis gekommen, wenn nicht in diesem Augenblick in der Nähe Schritte laut geworden wären, die sie aus diesen Träumereien gerissen hätten. Nun war alles wieder fort. Sie stand erneut verlassen und schutzlos, von allen gehasst, im Friedhof des Schwarztanns und schaute auf das Grab des alten Scheibenhofers in der Hoffnung, dass der andere Friedhofbesucher, ohne sie zu bemerken, an ihr vorbeigehen würde.

Aber die Hoffnung blieb unerfüllt: Die Schritte waren jetzt dicht hinter ihr, wurden langsamer und hielten dann an. Sie schaute sich scheu um und atmete dann erleichtert auf, denn der Mann, der unmittelbar hinter ihr stand, war der Schulmeister.

»Verzeihen Sie, dass ich Ihnen nachgegangen bin«, sagte er leise.

»Haben Sie denn gewusst, dass ich hier bin?«

»Ja, ich sah Sie von meiner Schulstube aus zum Friedhof gehen. Sie waren beim Schultheiß – nein, Sie brauchen mir nichts zu erzählen!«, sagte er rasch, als sie ihm ins Wort fallen wollte. »Ich weiß schon, was man Ihnen dort gesagt hat!«

»Was wissen Sie von Heinrich?«, fragte sie.

»Ich glaube, die Sorge um Sie beschäftigt ihn mehr als seine eigene Angelegenheit!«

Wieder trat ein längeres Schweigen ein. »Sie haben schwere Tage im Scheibenhof durchzumachen, und ich kann ja gut verstehen, dass Sie einmal fortgegangen sind«, sagte er nachdenklich.

Sie waren inzwischen zum Friedhofstor gekommen. Jetzt blieb sie plötzlich stehen und rang die Hände. »Ich kann nicht mehr!«, rief sie verzweifelt. »Bitte, helfen Sie mir, raten Sie mir! Wohin soll ich gehen? Ich kann nicht zum Scheibenhof zurück!«

Er sah sie teilnahmsvoll an. Man konnte da nicht so leicht raten. Überall harte Herzen und verschlossene Türen, auch in der »Rabenfluh«, und er selbst konnte sie nicht beherbergen. »Sie müssen zurück!«, sagte er nach einer Weile nachdenklich.

»Ich muss? Gibt es denn gar keinen anderen Weg?«

»Nein.« Jetzt schaute er sie fest an. »Sie sind die Herrin vom Scheibenhof! Immer noch! Und Sie müssen es bleiben! Sie sollen die Rechte des Scheibenhofers wahren, solange er fort ist, wenn es auch schwer fällt! Zeigen Sie doch den Schwestern und den Schwarztannlern, dass Sie Mut haben, dass Sie sich nicht vor ihnen fürchten, und man wird bald mehr Achtung vor Ihnen haben! Es wird viel von Ihrem eigenen Verhalten abhängen die nächsten Tage, und was Sie tun – glauben Sie mir! – tun Sie für ihn!«

Was der Schulmeister von ihr forderte, das war das Gleiche, was der tote Bauer vorhin von ihr verlangt hatte: Taten, Taten der Pflicht. Ihr rascher Atem verriet, dass sie sich zu einem schweren Entschluss durchrang. »Ja, Sie haben Recht: Ich muss zurück!«

»Ich habe nie daran gezweifelt, dass Sie stark sein können, denn Heinrich Schrund ist ein echter Sohn des Schwarztanns, und die Frau, auf die seine Liebe gefallen ist, kann kein Schwächling sein! Aber jetzt bin ich überzeugt, dass der Scheibenhof in Ihnen eine Herrin gefunden hat, wie er sie braucht!«

Sie gingen über den Kirchsteig hinab auf die Straße, verließen das stille Dorf und wanderten durch die Nacht dem Scheibenhof zu.

11

Bald darauf wurden Augen und Sinne von den Dingen im und um den Scheibenhof abgelenkt und der Klimmsteig wurde wieder zum Mittelpunkt aller Gedanken und Sorgen: Am Abend des folgenden Tages war jenseits der Schlucht ein einzelner feindlicher Soldat gesichtet worden, der sich jedoch schnell zurückzog, als sei ihm etwas nicht geheuer. Dann war es wieder still und ruhig wie zuvor. Aber dieser Zwischenfall hatte die Gemüter in große Aufregung gebracht, man hatte jetzt den Beweis, dass ein marodierender Haufen tatsächlich in unmittelbarer Nähe war und jede Stunde vor dem Felstor erscheinen konnte. Über das Tal hin jagten einzelne Reiter, sprengten von Haus zu Haus, um den Landsturm an die Waffen zu rufen, und ehe die Sonne sank, hatten die Schützen ihre Schanzen bezogen. Mann an Mann lagen sie nun da, die Stutzen im Anschlag, in den Gesichtern Spannung und Entschlossenheit.

Aber auch drinnen im Tal war eine Veränderung vor sich gegangen: Das Vieh wurde von den Weiden geholt, Türen und Tore fest verschlossen, aus allen Gesichtern schaute der Schrecken.

Aber es blieb still, die ganze Nacht – und dankbar begrüßte man am Morgen des anderen Tages die Sonne, die rot hinter den Bergen heraufstieg.

Heinrich Schrund saß in der Kerkerzelle, die vor vielen Jahren, als das Schmugglerunwesen überhand genommen hatte, im Feuerwehrhaus des Schwarztanns errichtet worden war. Auch er hatte diese Nacht kein Auge zugetan, denn am Abend zuvor war noch der Schulmeister bei ihm gewesen und hatte ihm von den neuesten Ereignissen erzählt: dass es nun doch noch zum Kampf käme und dass der Landsturm unter den Waffen stünde. Nun sei der Klimmsteig von den Schützen besetzt. Nur einer fehle, der Klausen-Jörg. Vor kurzem habe der Klausenbauer seinem ungeratenen Sohn die Tür gewiesen und seitdem sei er verschwunden. Jetzt würde von einer Streife in den Wäldern und Bergen nach ihm gesucht.

Gerade diese Nachricht über den Jörg ging Heinrich die ganze Nacht nicht mehr aus dem Sinn. Der Mann war an ihm schon zum Verräter geworden, und wenn er nun in seinem unversöhnlichen Hass, von seinem Vater verstoßen – und von Barbara vielleicht endgültig abgewiesen – in den Bergen umherstreifte, dann ... Wer konnte sagen, dass er in seinem Rachedurst nicht auch an der Heimat zum Verräter wurde? Herrgott im Himmel! Wenn er nun die Räuber über den Fuchssteg führte, was müsste das für ein Unglück geben! Der gesamte Landsturm des Schwarztanns lag indessen im Klimmsteig und wartete auf den Feind!

Diese Gedanken stürmten die ganze Nacht auf ihn ein. Er vergaß darüber sein eigenes Unglück, die Anklage, die der Schwarztann gegen ihn führte, den Scheibenhof und sogar Katharina. Er dachte jetzt nur noch an die Heimat, die in einer furchtbaren Gefahr schwebte. Die ganze Nacht wanderte er in der Zelle umher, streckte sich nach dem kleinen vergitterten Fenster und schaute zu den Sternen auf.

Als am frühen Morgen der Schulmeister bei ihm eintrat, sah er ihm entgegen, als hätte er über sein Leben und seinen Tod zu entscheiden. »Hat man ihn gefunden?«

»Nein.«

Da hielt Heinrich es nicht mehr aus. Diese Gefangenschaft brachte ihn allmählich zur Verzweiflung, es hätte jetzt Wichtigeres zu tun gegeben, als zwischen vier Wänden zu hocken und über Dinge nachzugrübeln, die doch nicht mehr zu ändern waren.

»Man hat uns in der Schule von einem sagenhaften Weg erzählt, der über die Gottesackerberge in ein anderes Tal führen soll. Es ist in jener Zeit nicht selten vorgekommen, dass fremde Schmugglerbanden durch den Schwarztann zogen, ohne dass man erfahren hätte, woher sie kamen. Sie mussten einen unbekannten Pfad über die Berge gegangen sein. Meines Wissens nach sind es heute zwei, die den Weg kennen: Ich – denn auf dem Fuchssteg habe ich das Tal verlassen und auf dem gleichen Steig bin ich vier Tage später zurückgekehrt – und der Jörg, von dem ich Kenntnis über den Fuchssteg erhalten habe, aber nur, um in eine Falle gelockt zu werden. Ich fürchte nur, wenn der Jörg den verborgenen Weg den Marodeuren verraten würde, dass es dann um den Schwarztann geschehen wäre! Jörg ist an mir zum Verräter geworden, und er wird es auch an der

Heimat sein! Wenn ich nicht als Gefangener hier sitzen müsste, dann würde ich nicht am Klimmsteig, sondern am Fuchssteg die Wache halten!«

Der Schulmeister war sehr nachdenklich geworden. »Ist der Weg dorthin schwer zu finden?«

»Ja, wenn man ihn nicht kennt!« Dann bat er um ein Stückchen Papier, auf dem er hastig den Weg skizzierte. »Das ist der Fuchssteg, ich habe keinen Grund mehr, ihn geheim zu halten!«

Der Schulmeister nahm die Zeichnung an sich und versprach, damit sogleich zum Schultheiß zu gehen.

Gegen Mittag kam der Schulmeister wieder. Er schaute an Heinrich vorbei wie einer, der mit der Wahrheit nicht herausrücken will, um dem anderen nicht wehtun zu müssen.

»Hat man den Jörg gefunden?«, fragte Heinrich.

»Nein.«

»Dann ist es Zeit, zum Fuchssteg aufzusteigen!«

Der Schulmeister antwortete nicht.

»Man will nicht?«

»Nein. Es ist mir nicht gelungen, den Schultheiß von der Gefahr zu überzeugen.«

Heinrich lachte bitter auf. »Ich weiß, was Sie sagen wollen: Man glaubt mir nicht. Die Meinung eines Verräters hat im Schwarztann keine Geltung. Vielleicht denkt man gar, dass es ein von mir ersonnenes Mittel ist, um mich zu befreien! Furchtbar! Nicht nur für mich, sondern auch für den Schwarztann! Ich weiß nicht, wie ich meine Aufrichtigkeit beweisen soll. Ich bin hier geboren, der Schwarztann ist meine Heimat, und wenn mir auch von allen Unrecht geschehen sollte, dann würde es mich doch noch lange nicht freuen, wenn ein solches Unglück über mein Heimattal hereinbräche!«

Daraufhin hatte der Schulmeister ihn wieder verlassen. Stunde um Stunde verging. Träge verstrich der Nachmittag. Draußen war eine feiertägliche Stille. Man hörte niemanden reden, niemanden gehen, und dabei müssten die Feinde doch längst schon im Klimmsteig auf die Schützen gestoßen sein!

Dieses Warten wurde unerträglich. Auf wen wartete er eigentlich? Auf den Schulmeister? Damit er ihm sage, dass man den Jörg endlich gefunden hätte?

Langsam dämmerte der Abend, immer dunkler wurde es in der ohnehin düsteren Zelle. Aber der Schulmeister kam nicht.

Da fiel plötzlich ein ferner Schuss, ein zweiter folgte, bis eine regelrechte Schießerei daraus wurde. Kampf!

Heinrich sprang auf, streckte sich nach dem Fenster und horchte hinaus. Gott sei Dank, die Schüsse kamen vom Klimmsteig her! Hier konnte es den Feinden nie gelingen, den Riegel zu brechen.

Und der Klausen-Jörg?

Einen Menschen hätte es nun wohl gegeben, der auf diese Frage eine Antwort gewusst hätte, und wenn sie auch nicht klar gewesen wäre, so würde sie vielleicht doch auf eine Spur des Klausen-Jörg geführt haben. Dieser Mensch war Barbara, aber das Mädchen sagte nichts, weil es ihr gleichgültig war, wo der Klausen-Jörg sich aufhielt. Wenn er nur fort war und sie für alle Zeiten in Ruhe ließ! Vielleicht hätte sie aber doch gesprochen, wenn sie geahnt hätte, wie weit die Rache eines Menschen gehen kann.

An jenem Abend, nachdem der Anmarsch der Feinde gemeldet worden war und der Landsturm des Schwarztanns zum Kampf und zur Abwehr den Klimmsteig besetzte, war auch Konrad Immler ausgezogen und hatte die ganze Nacht mit den anderen hinter der Schanze gelegen. Still und verlassen stand in dieser Nacht das Wirtshaus auf der Höhe und bildete ein düsteres Gegenstück zu dem gegenüberliegenden Scheibenhof. Was hätte sich heute auch dort oben zeigen sollen? Barbara war allein und wartete mit der gleichen sorgenden Angst wie all die anderen Frauen in den übrigen Höfen auf den ersten Schuss. So still war diese Nacht, dass sie jeden Stundenschlag der fernen Turmuhr hörte und mitzählen konnte.

Deshalb schrak sie auch heftig zusammen, als gegen Mitternacht plötzlich an die verschlossene Haustür geklopft wurde. Sie war ein mutiges, unerschrockenes Mädchen und von Jugend auf an späte und fremde Gäste gewöhnt, aber heute wagte sie es doch nicht, so ohne weiteres den Riegel zurückzuschieben. »Wer da?«, fragte sie deshalb vorsichtig.

»Hie gut Schwarztann!«, antwortete eine Männerstimme.

Jetzt erst öffnete sie die Tür, musste es aber schon gleich im nächsten Augenblick bereuen, denn der nächtliche Gast war der Jörg! Und wie er aussah! Die Kleider zerschunden, das Gesicht beschmutzt, als hätte er wochenlang nur mehr unter Sträuchern und Büschen genächtigt.

»Du bist's?«, fragte sie, über seinen Anblick erschrocken. »Wo kommst du her?«

»Bist du allein?«, fragte er und sah sich lauernd um. Seine Stimme war heiser.

Sein wildes Aussehen und sein eigenartiges Benehmen hatten ihr Angst eingejagt. »Nein!«, log sie.

»Dann geh ich nicht hinein, man sucht nach mir! Der Klausen-Jörg ist fahnenflüchtig geworden!« Er ließ ein hässliches, grimmiges Lachen hören.

»Warum bist du nicht am Klimmsteig? Liegt dir so wenig daran, wenn die Feinde kommen?«, wagte sie vorwurfsvoll zu fragen.

»Was mir dran liegt, das wird sich schon noch herausstellen, darum bin ich zuvor noch zu dir kommen. Der Scheibenhof-Heinrich sitzt jetzt, und zwar gut! Warum hat er sich mir auch in den Weg gestellt!«

»Jörg!«, schrie sie entsetzt.

»Pst!«, mahnte er und horchte in die Stille. »Und der andere, der Schulmeister, hat scheinbar nicht viel daraus gelernt! Wenn's auch heißt, der Klausen-Jörg hat den Verstand versoffen, so ist's nicht wahr! Ich weiß recht gut, was ich tu! Es soll sich mir keiner in den Weg stellen, dann geschieht ihm nichts. Und heut bin ich wieder da, und frag dich noch mal –«

»Da fragst du umsonst!«, rief sie, denn jetzt packte sie ein mächtiger Zorn, ein Abscheu vor diesem verkommenen Menschen. »Bist du noch ein Mann? Derweil die unsrigen im Klimmsteig liegen und auf den Kampf warten, hast du nichts anderes zu tun, als Leut zu ärgern! Schäm dich! Ich hab dich nie gemocht, aber ich hab immerhin noch Mitleid mit dir gehabt, doch jetzt – dass du's weißt! –, jetzt veracht ich dich!« Damit wandte sie sich ab.

Er lachte wild auf. »Besinn dich, Barbara, ich komm jetzt nimmer!«

»Da ist niemand froher als ich, ich will dich nimmer sehen!«

»Du siehst mich nimmer«, sagte er grollend. »Und wenn du's wissen willst: Ja, es liegt mir viel dran, dass die Feinde kommen! Hoffentlich sind sie bald da! Vielleicht denkst du an den Jörg, wenn sie da sind, und wie du an ihn denken wirst, das ist mir jetzt gleich!«

Nach diesen Worten ging er, wandte sich aber noch einmal nach ihr um und schaute sie so hasserfüllt an, dass sie die Tür zuschlug und hastig den Riegel vorschob.

Die ganze Nacht hatte die Schießerei gedauert, und erst gegen Morgen trat eine Pause ein. War der Kampf entschieden – oder bereiteten die Feinde nur einen neuen, noch heftigeren Angriff vor?

Heinrich hielt es nicht mehr aus in den vier Wänden seiner Zelle. Er schlug gegen die verschlossene Tür, zog sich am Fenster hoch, rüttelte am Gitter und suchte die Eisenstäbe aufzubiegen. Aber es war nur ein fruchtloses Bemühen. So hart war ihm seine Haft noch nie vorgekommen als gerade in diesen Stunden. War das nicht unsinnig, hier eingesperrt zu sein, während doch alle Hände gebraucht wurden, um den feindlichen Soldatenhaufen abzuwehren?

Aber er war eben ein Verräter, ein Ehrloser, dem es nicht mehr erlaubt war, sich an der Verteidigung seiner Heimat zu beteiligen.

Erst als gegen Morgen die Schießerei aufhörte, wurde er etwas ruhiger und fiel dann in einen Halbschlaf.

Später kam der Schulmeister und brachte ihm seine tägliche Kost. Voll Begeisterung erzählte er von dem ersten Sieg: »Die marodierenden Soldaten sind blutig abgewiesen worden. Die Schwarztannler haben sich als mutige Streiter und als Meister des Stutzens gezeigt! Alles war vortrefflich vorbereitet, sodass der Feind sich zurückziehen musste. Aber die Kampfstellung ist noch nicht aufgegeben, und es steht eine neue, vielleicht noch viel hitzigere Schlacht zu erwarten, denn man versucht sich jetzt erst recht mit aller Gewalt den Eingang zu erzwingen.«

Aber der Tag verlief ruhig. Erst gegen Abend zu setzte die Schießerei wieder ein. Die Soldaten gingen in neuer Schlachtordnung vor und eröffneten das Feuer. Man merkte, jetzt ging es auf Leben und Tod, um Sein oder Nichtsein des Schwarztanns. Wehe, wenn diese Mordbande diesmal doch zum Durchbruch kommen sollte! Manchem der tapferen Schwarztannler, der hinter der Schanze lag, mochte in dieser Stunde das Herz gezittert haben ... da wurde das Gefecht plötzlich abgebrochen: Der Feind zog sich zurück, ohne erkenntlichen Grund, immer weiter, bis der letzte Mann hinter der Felsmauer verschwunden war.

Die Schwarztannler sahen sich verdutzt an. Was war geschehen? Was hatte die Marodeure so urplötzlich dazu bewegt, den Kampf abzubrechen, noch bevor er zur vollen Entwicklung gekommen war? War ihr Führer gefallen? Oder hatten sie eingesehen, dass es hier kein Durchkommen gab? War es gar eine Irreführung, um den Landsturm aus den kugelfesten Schanzen zu locken? All diese Fragen blieben ohne Antwort, man konnte nur raten.

Als die Nacht kam, war von den Feinden weit und breit nichts mehr zu sehen und zu hören. Aber trotzdem blieb der Landsturm des Schwarztanns auf seinem Posten.

Als Heinrich von diesen Dingen erfuhr, fing er an zu grübeln. Wenn der Klausen-Jörg zum Judas vom Schwarztann werden wollte, warum ließ er sich dann so lange Zeit? Vielleicht war es ihm gerade recht, dass sich die Räuber zuvor noch im Klimmsteig blutige Köpfe holten, damit auch der nötige Grimm in ihnen entbrannte, der sie nicht schonungsvoll umgehen ließe, wenn sie ins Tal einbrachen – so musste es sein! Die Bande suchte jetzt nach einem Übergang über die Berge und wurde vielleicht schon von dem rachedurstigen Verräter geführt.

Heinrich sprang auf. Er musste hinaus aus diesen vier Wänden, und sollten sich ihm Berge entgegenstellen! Jetzt war der richtige Zeitpunkt, um seinen Plan auszuführen, koste es, was es wolle, denn es ging nun ja nicht mehr um ihn und sein Leben, sondern um den Schwarztann, dessen Bewohner nicht ahnten, was ihnen bevorstand!

Er zog sich am Fenster hoch und horchte in die Nacht hinaus. Nichts rührte sich. Wer hätte sich auch um ihn kümmern sollen? Er saß gut hinter Schloss und Riegel, es war doch immer noch der Klimmsteig, der die Augen und die Sinne aller auf sich zog.

Dann griff er in die Stäbe und riss und zerrte daran. Lange vergebens, aber er gab nicht mehr nach, bis es ihm gelang, eine der Metallstangen aus ihrer Verankerung zu lösen. Krachend fielen die Steinbrocken hinab. Jetzt war das Spiel fast gewonnen! Noch ein zweiter Stab musste herausgebrochen werden ... Geschafft!

Einige Augenblicke horchte er in die Stille – nichts, kein Mensch hatte ihn gehört. Aber noch gelang es ihm nicht ganz, sich durch die schmale Öffnung zu zwängen. Nach einigem Drehen und Ziehen glückte es schließlich doch: Er stürzte kopfüber in ein stechendes, kratzendes Gebüsch.

Heinrich sprang auf. Er keuchte vor Anstrengung. Noch einmal hielt er lauschend inne, doch alles war still, dann schlich er sich zum Dorf hinaus und rannte auf den Scheibenhof zu.

Dort war alles dunkel. Er wunderte sich über die Ruhe der Schwestern, die auch mitten im Krieg nicht den Schlaf vergaßen und unbekümmert um die äußeren Ereignisse ihren täglichen Gewohnheiten nachgingen, als wäre ihnen alles andere egal. Er hatte es nicht anders erwartet, und es konnte ihm so nur recht sein, bloß wegen Katharina beunruhigte es ihn ein wenig, weil er sich nicht denken konnte, dass auch sie diese Ereignisse mit einem solchen Gleichmut ertrug. Vielleicht aber saß sie in der dunklen Kammer und wartete voll banger Sorge.

Er ging nicht zur Haustür, sondern näherte sich vorsichtig ihrem Schlafzimmer. Hier war ein Fenster offen, und in der dunklen Öffnung zeigte sich ein Frauenkopf. Er hatte sich nicht getäuscht! Katharina wachte und sorgte sich!

»Katharina!«, flüsterte er. »Nicht erschrecken! Nicht rufen! Ich bin's, Heinrich!«

Er schwang sich hinauf und stieg zum Fenster hinein. Lange hielten sie sich fest umschlungen, wie damals, als sie sich nach längerer Trennung im Schwarztann wiedergefunden hatten.

»Du bist frei? Wo kommst du her?«, fragte sie noch ganz befangen, als zweifle sie an der Wirklichkeit.

»Ausgebrochen!«, antwortete er kurz.

»Du wirst verfolgt?«, schrie sie.

»Nein, man hat jetzt keine Zeit, sich um mich zu kümmern!« Jetzt bemerkte er, dass sie noch vollständig angekleidet war. »Und du?«, fragte er verwundert.

»Das ist wirklich erstaunlich, ich habe den ganzen Abend so eine Ahnung gehabt, als ob du heut noch kommen würdest. Ja, ich habe tatsächlich auf dich gewartet!«

»Das ist gut, wir haben nämlich nicht viel Zeit: Ich muss fort! In die Berge.«

»Du willst fliehen?«

»Nein, ich denke gar nicht daran! Aber in den Bergen lauert eine Gefahr, an die hier kein Mensch denkt. Ich wollte sie warnen, aber man hat mir ja nicht geglaubt.«

»Ich lass dich nicht fort!«

»Ich muss!«

»Dann nimm mich mit!«

»Das geht nicht. Es ist ein gefährlicher Weg, Katharina, viel zu schwer für eine Frau. Und du weißt, wir haben Krieg!«

»Ich geh nicht mehr von deiner Seite! Nie mehr! Lieber sterbe ich mit dir! Aber verlange nicht, dass ich hier auf dich warte, während du mit deinem Leben spielst! Heinrich, bitte, bitte, nimm mich mit!«

»Gut, wenn du es nicht anders willst.« Dann schlich er sich in die Stube hinüber und brachte von dort zwei Stutzen und eine Fackel mit.

»Warum gleich zwei Stutzen?«

»Einer davon ist der Stutzen meines Vaters, und zwei sind besser als einer!« Noch einmal schlich er sich hinaus. Diesmal brauchte er länger, denn er musste für alles Sorge tragen, für Ausrüstung, Kleidung und etwas zum Essen, der Weg war schwer und weit.

Hastig packte er die Sachen in einen Rucksack und nahm die Stutzen an sich.

»Komm!«

Er half ihr zum Fenster hinaus, sprang dann selbst nach, und dann eilten sie nebeneinander in die stille Nacht hinaus, dem düsteren Gebirge zu.

Aber er hatte sich getäuscht, wenn er angenommen hatte, dass seine Frau ihm womöglich nicht folgen oder gar beim Aufstieg hinderlich sein könnte. Es war, als sei sie selbst von einem unermüdlichen Treiben und Drängen erfasst worden, das ihr immer wieder neue Kräfte und guten Mut verlieh. Tapfer hielt sie mit ihm Schritt, klagte nicht, fragte nicht.

Sie war glücklich, dass sie bei ihm sein konnte, und es war ihr jeder Weg recht, auch wenn er in den Tod geführt hätte.

In der Brentenhütte machten sie eine mehrstündige Rast. Der neue Tag war angebrochen, und langsam wanderte die Sonne über die Berge und Täler dem Mittag zu. Das erste Mal seit vielen Tagen und Nächten fanden beide einen tiefen, erquickenden Schlaf. Sie waren ja jetzt beieinander, und es gab nichts mehr, was sie hätte trennen können.

Als Heinrich erwachte, schaute er gleich nach der Sonne. Sie hatte sich schon dem Westen zugewandt. Aber bis die Nacht kam, konnten sie den Grat rechtzeitig erreichen. Sie hatten also immer noch einen guten Vorsprung, denn die Feinde müssten erst ein gutes Stück um die Berge herumgegangen sein und konnten momentan bestenfalls mit dem Aufstieg begonnen haben. Diese Feststellung beruhigte ihn so sehr, dass er mit großer Geduld Katharina im Laden der Stutzen unterwies, damit sie ihm hier behilflich sein könnte, wenn es nötig werden sollte. Nebenbei erzählte er ihr vom Fuchssteg und von seiner Bedeutung, wenn dieser Weg den Banden verraten worden wäre.

Dann begannen sie den gefährlichen Aufstieg über die Plattenwand, hinauf zum Grat der Gottesackerberge. Freilich kostete es die Frau oft große Überwindung, aber sie ließ sich nichts anmerken und folgte ihm entschlossen hinauf in die wilden, zerklüfteten Bergkämme.

Als es Nacht wurde, standen sie auf dem Grat. Aber die Schwierigkeiten hörten hier noch nicht auf, denn bei der Dunkelheit musste jeder Schritt bedacht sein, und es war doch immer noch zu früh, die Fackel anzuzünden, die sie verraten haben würde. Vorsichtig tasteten sie sich über die Karfelder, vorbei an den Schluchten und Schlünden. Das Blut klebte ihnen an den Händen, doch sie mussten weiter, sie durften jetzt nicht mehr versagen.

Endlich erreichten sie den tiefen Felsspalt, der sich mitten durch die Berge hinzog, die Schlucht, über die der Fuchssteg führte. Hier hielt Heinrich an und schaute in das andere Tal hinab. Er hatte vorhin am Himmel eine eigentümliche Röte wahrgenommen. Aber er sah nichts und hörte nichts, und doch hatte er eine bestimmte Ahnung. Es konnte nicht anders sein: Die Feinde stiegen zum Fuchssteg auf.

Jetzt prüfte er wieder den nächtlichen Himmel. Er war gerötet, und deutlich sah er, wie in dieser Röte die Schatten wechselten. Dann – nun lähmte ihn doch für einige Augenblicke der Schrecken – tauchte weit drunten eine Reihe brennender Fackeln auf, die in breiten Windungen über den Bergrücken kroch. Er packte Katharina am Arm und deutete in die Tiefe. »Sie sind's!«

Katharina tat den Mund auf, brachte aber kein Wort hervor. Durch ihren Körper ging ein Zittern.

Er bemerkte das. »Wir suchen hier eine Stelle, wo du sicher bist. Es ist nichts für Frauen! Glaub mir!«, bat er.

»Ich geh nicht mehr von deiner Seite, Heinrich, und es könnte doch auch sein, dass du mich brauchst! Es dauert lange, bis du von drunten Hilfe bekommst!«

Er sah sie voll ehrlicher Bewunderung an. »Ich habe nicht gewusst, dass du so viel Mut hast! Ich sage dir etwas: Eine solche Scheibenhoferin hat der Schwarztann noch nie gesehen! Das hier wird für uns beide die Feuerprobe sein!«

Jetzt zündete er die Fackel an. Die heranrückenden Feinde konnten sie wegen der dazwischenliegenden Felswand nicht sehen. Er schwang die Fackel im Kreis herum. Ob das Zeichen drunten wahrgenommen wurde? Vielleicht gab es doch ein waches Auge, das sich einmal den schwarzen Bergen zuwandte. Wie gut war es doch jetzt, dass außer ihm auch der Schulmeister den Weg zum Fuchssteg wusste!

Als sie am Fuchssteg angekommen waren, machte er sich sofort daran, mit bloßen Händen die Steine um die Balken zu lockern und den Steg von der Einkeilung loszulösen. Wenn es einmal gelungen war, hier einen Steg zu legen, so musste es doch möglich sein, ihn wieder herauszulösen, wenn er sich auch im Laufe der vielen Jahre mit dem Erdreich verbunden hatte. Er grub, zog und zerrte, schließlich gelang es ihm, die Balken zu lösen. Sie stürzten mit großem Gepolter hinab in die schwarze Schlucht. Der Weg war gesperrt, jetzt konnten sie kommen!

Er suchte in der Nähe eine Deckung, die sie vor den feindlichen Kugeln schützen sollte, und sie fand sich auch hinter einem großen Felsblock, der sich über den Latschen erhob. Hier waren sie sicher, und er hatte eine gute Sicht.

Katharina lag neben ihm und schaute mit großen Augen zu, wie er beide Stutzen schussfertig machte.

12

Als der Schulmeister an diesem Tag die Zelle leer vorfand und die Spuren des gewaltsamen Ausbruchs sah, wusste er gleich, was los war. Es war keine Flucht, um sich der Verantwortung zu entziehen, sondern es bedeutete einen Ausbruch der Verzweiflung, weil niemand auf die gut gemeinte Warnung hatte hören wollen. Sollte Heinrich mit seiner Annahme Recht behalten? Drohte dem Schwarztann wirklich ein schändlicher Verrat? Auf alle Fälle konnte sich kein Mensch den rätselhaften Abzug des Feindes erklären.

Fürs Erste musste er dem Schultheiß die Flucht des Gefangenen melden und ihn endlich dazu bewegen, dass eine Schar der Schützen zum Fuchssteg aufstieg.

Aber der Alte wollte davon nichts hören und war jetzt erst recht unversöhnlich. Er ließ den Scheibenhof umstellen und die Umgebung nach dem Flüchtigen absuchen, erlaubte aber dem Schulmeister auf dessen wiederholte Bitten schließlich doch, mit einigen im Bergsteigen geübten Schützen zum Fuchssteg aufzusteigen.

Diese kleine Schar war es, die gleich nach Anbruch der Nacht das Lichtsignal auf der schwarzen Höhe wahrgenommen hatte. Aber sie waren ja noch so weit davon entfernt, hatten eben erst die Brentenhütte verlassen, und so sehr sie sich zur Eile anspornten, so mussten sie doch zu spät kommen. So galt ihr Aufstieg bald nicht mehr nur der Einholung des Ausbrechers, sondern gleichfalls dem Fuchssteg, um dort den verräterischen Überfall abzuwenden.

Sie wären wirklich viel zu spät gekommen und hätten nicht mehr verhindern können, dass der Schwarztann das Opfer des raublüsternen Feindes geworden wäre, wenn nicht hinter dem hohen Felsblock ein mutiger Schütze gelegen hätte, der in diesen Stunden zum Helden wurde und bis zur Erschöpfung sein Heimattal gegen die Bande verteidigte, gemeinsam mit seiner Frau, die nicht von seiner Seite wich.

Es mochte nicht mehr weit auf Mitternacht gewesen sein, als sie einzelne Stimmen hörten. An den Felswänden tauchte der Lichtschein brennender Fackeln auf. Immer näher kamen die Schritte. Auf einmal waren sie da! Die Lichter warfen einen zuckenden Schein über die ganze Umgebung. Als Erster erschien ein klobiger Bauernbursche: der Klausen-Jörg!

Als der Verräter den Spalt erreichte, blieb er betroffen stehen, gestikulierte mit den Händen herum und wusste sich nicht zu helfen.

Heinrich, der den Jörg sofort erkannt hatte, wurde von Wut gepackt: »Verräter!«, schrie er laut, und gleich darauf krachte ein Schuss. Er sah nur noch, wie der Klausen-Jörg vornüber zusammenbrach, dann wurden blitzschnell die Fackeln gelöscht, und alles lag in tiefer Finsternis. Dann kam von drüben eine Salve. Die Kugeln pfiffen durch die

Luft, schlugen auf die Felsen. Eine zweite Salve folgte, eine dritte, und dann war es still. Stunden vergingen, nichts rührte sich, bis plötzlich drüben einige dunkle Schatten sichtbar wurden, die einen Baumstamm als Notbrücke über die Schlucht zu legen versuchten. Ein mörderisches Feuer setzte ein, um die Männer bei ihrer Arbeit zu decken.

Heinrich hatte die Gefahr sofort erkannt und wehrte sich verzweifelt: Er sah, wie die Vordersten, von seinen Kugeln getroffen, zusammensanken, konnte aber doch nicht verhindern, dass ein Baumstamm schließlich über den Spalt führte. Noch konnte er die verwegenen Feinde vor dem Übergang zurückschrecken und zurückhalten, aber sie schoben sich immer näher heran.

Da drückte er Katharina einen Stutzen in die Hand. »Schieß, ob du triffst oder nicht! Wenn du nur schießt!« Er kroch aus der Deckung und schob sich flach auf dem Boden gegen die Schlucht vor, während Katharina, die noch nie eine Flinte in den Händen gehabt hatte, blind drauflosschoss.

Das Wagnis glückte: Der Baumstamm stürzte plötzlich mit lautem Krach in die Tiefe.

Heinrich sprang zurück, aber noch ehe er die Deckung erreichte, zuckte er zusammen, verzog sein Gesicht und griff nach der Schulter. Er war getroffen! Dennoch packte er noch einmal den Stutzen und feuerte wild hinüber. Die Feinde zogen sich zurück.

Da brach Heinrich plötzlich lautlos zusammen, und daran merkte Katharina erstmals, dass er verwundet war. Aus seinen Kleidern sickerte Blut. Sie riss ihm das Wams herunter und suchte nach der Wunde. Oberhalb des Armes war ihm eine Kugel in die Schulter gegangen. Hastig öffnete sie den Rucksack, holte das Verbandszeug hervor und legte ihm einen Verband an.

Dann nahm sie seinen Kopf in ihren Schoß und streichelte über sein bleiches Gesicht.

So kam der Morgen und endlich auch der Schulmeister mit den Schützen. Als er die beiden hinter dem Felsblock so antraf und die Spuren des nächtlichen Kampfes sah, warf er den Stutzen von sich und eilte auf sie zu. »Was wäre heut aus der Heimat geworden ohne euch beide!«, rief er.

Ein Zucken ging über das bleiche Gesicht der Frau, dann brach sie in Weinen aus. Es war zu schrecklich, was sie diese Nacht hatte erleben müssen.

Da schlug Heinrich die Augen auf, er wollte reden, vermochte es aber nicht und zeigte nur durch ein schwaches Lächeln an, wie glücklich er in dieser Stunde war.

Während eine Wache zurückblieb, schaffte der Schulmeister mit ein paar Schützen den Verwundeten ins Tal hinunter.

Die Feinde mussten wirklich abgezogen sein, denn es war wieder ruhig im Schwarztann. Heinrich genas unter der aufopfernden Pflege Katharinas sehr rasch und konnte sich bald wieder im Haus bewegen.

Eines Tages kam der Schultheiß in den Scheibenhof. Er war in den letzten Tagen recht alt geworden. Lange hielt er Heinrichs Hand fest. »Wir haben dir unrecht getan, Scheibenhofer, und wir können und dürfen dich nicht mehr halten: Du bist frei! – Der Schwarztann ist deine Heimat, auch wenn du in der Welt draußen bist, und allzeit wird für dich der Stuhl der Freien vom Freital bereitstehen!« Dann wandte er sich an Katharina. »Scheibenhoferin!«, sagte er mit feierlicher Betonung. »Auch dir will der Schwarztann Heimat sein. Du hast schlimme Tage bei uns gesehen, aber, glaub mir, es kann auch schön sein bei uns!«

Dem alten Mann standen Tränen in den Augen, als er der tapferen Frau die Hand drückte.

Tage vergingen. Die Söhne des Schultheiß waren auf Kundschaft ausgeritten. Endlich kamen sie zurück und brachten die freudige Nachricht vom Frieden ins Tal. Zwei große Niederlagen des französischen Revolutionsheeres bei Würzburg und Amberg hätten den Krieg beendet. Die Franzosen seien überall im Rückzug. Der Klausen-Jörg blieb verschollen. Man erfuhr nie, ob er mit den Franzosen gezogen oder bei dem Kampf am Fuchssteg ums Leben gekommen war?

Die Schwestern des Scheibenhofers siedelten bald ins Tal hinab und bezogen ein kleines Anwesen, das ein kürzlich verstorbener Junggeselle bewirtschaftet hatte und ihnen vom Schultheiß überlassen wurde.

Und die Nachbarin? Eines Tages kam der Schulmeister von der »Rabenfluh« zum Scheibenhof herüber. Aus seinen Augen leuchtete ein eigentümlicher Glanz von Glück, den man bisher nie bei ihm gesehen hatte.

Als er ging, begleiteten Heinrich und Katharina ihn vor die Tür und sahen ihm lächelnd nach.

»Und jetzt?«, fragte Katharina und schaute über die schwarzen Berge hin.

»Jetzt? Wenn du willst, reisen wir morgen zurück nach Chur.«

Da schüttelte sie den Kopf. »Dort warst du zwar ein Künstler, aber das kannst du auch hier sein. Im Schwarztann jedoch, da bist du ein Freier vom Freital! Heinrich, wir bleiben!«